300

LA CONFABULACION CON LA PALABRA

PERSILES - 106

SAUL YURKIEVICH

LA CONFABULACION
CON LA PALABRA

taurus

Cubierta
de
MANUEL RUIZ ANGELES

© 1978, SAUL YURKIEVICH
TAURUS EDICIONES, S. A.
Velázquez, 76, 4.º MADRID - 1
ISBN: 84-306-2106-7
Depósito Legal: M. 10.725 - 1978
PRINTED IN SPAIN

INDICE

JULIO CORTAZAR: AL UNISONO Y AL DISONO

1.1. Arte subversivo: violación de los límites de las ideologías represivas: desvelar lo que las cristalizaciones ideológicas ocultan: desobedecer el código social impuesto por un orden punitivo y censorio: desoir la razón de Estado: rebasar lo permisible: transgredir lo decible.

1.2. Cortázar: contravención inveterada: obstinado anticonformismo: guerra al *establihsment*. Rebelión contra la Gran Costumbre: «negar todo lo que el hábito lame hasta darle suavidad satisfactoria»: constante ruptura de la normalidad conveniente, concordadora, consentida, convenida, consuetudinaria: «Negarse a que el acto delicado de girar el picaporte, ese acto por el cual todo podría transformarse, se cumpla con la fría eficacia de un reflejo cotidiano.»: romper las paredes de lo consabido, lo preparado, lo resuelto, lo programado: «abrirse a la novedad potencial de cada instante».

1.3. Tergiversar las prácticas usuales, las finalidades admitidas, las funciones pragmáticas: *Ocupaciones raras*: tareas excéntricas, no utilitarias, lúdicas, pero sistemáticas (remedo de los trabajos «serios»), donde el proceso, el proceder es más importante que los resultados: objetivos que no se inscriben en los decálogos razonables: búsqueda de lo sorpresivo y sorprendente: la gratuidad como máxima disponibilidad frente a lo imprevisible.

1.4. Cubicar la esfera, posar tigres, tender hilos, dejar caer un pelo en el lavabo y recuperarlo: actividades abiertas, aleatorias: ceremonias iniciáticas que ponen a los participantes en contacto con lo inclasificable: acciones tendientes a probar lo precario de la estabilidad, del statu quo, de lo real convenido: la causalidad previsible es reemplazada por las excepciones, azares e improbabilidades.

1.5. Apertura a otras posibilidades operativas: revelación de lo intersticial («esa manera de estar entre, no por encima o detrás sino entre»): acceso a otras dimensiones.

2.1. Sorpresa osmótica que se infiltra paulatinamente. Sorpresa: desfasaje, desajuste, descolocación: desconcierto de un texto que introduce cada vez más incertidumbres: extrañamiento: pasaje de lo sólito a lo insólito.

2.2. Cuento: arco que se va tensando para lanzar la flecha lo más lejos posible. Tensión narrativa proporcional al avance del extrañamiento: creciente inestabilidad semántica: plurivalencia: evidencias ininteligibles: lo enigmático, pero irresoluto: ni esotérico ni exotérico.

2.3. Cuando se sale irrecuperablemente del sistema de la causalidad natural, empírica, de lo probable: ingreso en lo maravilloso. Ruptura recuperable, que por fin se explica mediante las pautas que rigen la experiencia objetiva: entropía momentánea que no altera el sistema: realismo. Entre medio, el oscilante territorio de Cortázar.

2.4. Lo fantástico: pasaje a otro orden con su propia coherencia: ni banalidad ni mera extravagancia: tanto rigor como en el juego: dominio de las fuerzas extrañas que nos involucran en un desconocido mosaico, en una figura concertadora (cortazadora) de varios destinos ilusoriamente desligados, que enhebra actos aparentemente autónomos.

2.5. La escritura se propone «acorralar lo fantástico en lo real, *realizarlo*».

3.1. Concepción mágica del mundo: la visión de la realidad como irreductible, ineludiblemente misteriosa. Piel legible, piel decible, entrañas escrutables pero ininteligibles, inefables. Epidermis provisoria y precariamente codificable. Realidad profunda: la determinante, la decisiva: evidencia intuitiva (conocimiento simpatético, sensosentimental) sólo verbalizable por alusión: realidad vislumbrada a través de señales intermitentes, anuncios repentinos, mensajes cifrados: no puede interpretarse por vía intelectiva, analítica, kantiana, sino mediante una apertura-entrega capaz de superar las categorías lógicas: vía supralógica: por medio de una ampliación de la capacidad perceptiva, por un acrecentamiento de la experiencia posible.

3.2.   Escribir: inventar un mandala, purificarse. Para acceder a la zona: escribir en trance, en una determinada longitud, con swing. Escritura: un arma secreta.

3.3.   Tradición romántica → simbolista → surrealista: poeta intermediario de las fuerzas ocultas, vidente alucinado, oracular: tabla rasa: vuelta a la plenitud del comienzo: regreso al útero: nostalgia del edén. La verdadera condena: «el olvido del Edén, es decir, la conformidad vacuna, la alegría barata y sucia del trabajo y el sudor de la frente y las vacaciones pagas».

3.4.   Retorno a la percepción virginal del adamita o a sus equivalentes actuales: niño y loco: disparadas por vía de la fantasía ingenua: visión infantil, candorosa, que ve sin prejuicios, con constante voluntad de asombro: sacar lo visto de la textura adulta: tasadora, clasificadora, congeladora, solidificante (= «edificante»).

3.5.   Los piantados: aledaños de la cordura: arrabales de la literatura: la visión excéntrica: el desfase que revela otras dimensiones censuradas por la codificación convencional: los heteróclitos no sujetos a las pautas razonables.

3.6.   Ser piantado no es una salida, sino una llegada: locura romántica: locura enaltecida sin experiencia real de la demencia (disolución de la personalidad, caos, anulación, caída definitiva en el gran agujero negro, muerte mental, desequilibrio aniquilador).

4.1.   Escribir: exorcisar: rechazar invasores posesivos: «productos neuróticos, pesadillas o alucinaciones neutralizadas mediante la objetivación»: excitación neurótica: coherencia neurótica: discurso desflecado, fisurado, descentrado: discurso enmarañado por la incongruencia enriquecedora que rompe todo ordenamiento abstracto, toda regularidad: *Cuello de gatito negro.*

4.2.   Literatura y neurosis. Literatura: catarsis de obsesiones traumáticas: liberación: psicoterapia: psicologización del relato: relación apasionada, patética, visceral con lo narrado. Narración: mensaje conmovedor: mensaje perturbador que exige una adhesión de intimidad: intimación emotiva: lo contrario de Kafka o Borges: clásicos: distanciamiento, despersonalización de la anécdota, estilo menos expresivo (menos expresionista).

4.3. Psicologización del mensaje: tendencia a lo psicopatológico (antecedente: la neurastenia modernista): sugestión por enrarecimiento: irrupción de la anormalidad: mayor contacto con las zonas oscuras (lo onírico, inconsciente, demencial, instintivo, demoníaco): tendencia al desequilibrio anímico: visión disgregadora: opósitos irreconciliables: conciencia escindida, atormentadora: inquietud, insatisfacción, desasosiego: neurosis.

4.4. La incertidumbre se instala en el interior del discurso desbaratando la univocidad: desmantelamiento de la coherencia discursiva, de la seguridad semántica: inestabilidad, indeterminación, conflicto pasan de la connotación a la denotación: el discurso narrativo se contagia del poético.

4.5. La realidad posible, por su incompatibilidad con la creada, se vuelve dominio del sin sentido y la nonada: absurdo negativo. Absurdo positivo: ininteligibilidad de la realidad última, basamental, percibida por vías no intelectivas: «un claro sentimiento del absurdo nos sitúa mejor y más lúcidamente que la raíz kantiana».

4.6. Tradición romántico-simbolista: identificación de anormalidad con originalidad: rareza, extravagancia, insensatez, irregularidad, excentricidad son antídotos contra lo acostumbrado, lo razonable, lo común, lo anodino, lo tradicional. La explicitud y clarividencia del discurso apolíneo son desbaratadas por el desarreglo de los sentidos, por la alquimia verbal: visión cada vez más agitada y fragmentaria: *Rayuela*.

4.7. Tradición romántica → simbolista → surrealista: antimaquinismo, anticientificismo, antitecnología: tabla rasa: afán de despojarse de la acumulación científica, técnica y artística atesorada por el hombre: volverse bárbaro: desculturación o por lo menos poda del exceso castrador de la cultura: intento de anular los poderes paralizadores de la tradición occidental.

5.1. Contrapartida cortazariana: disparadas por vía erudita, por la cultura magna y la estética monumental: gran paquete de civilizaciones, músicas, ciudades, libros, cuadros encarnados en presencias tan presentes como las humanas. Oscilación irresoluta: tabla rasa vs. Kultur.

5.2. Mezcla de tiempos históricos (*Todos los fuegos el fuego, El otro cielo*), de categorías culturales (*Rayuela*), de niveles literarios e idiomáticos (*La vuelta al día en ochenta mundos, Ultimo round*): universalidad irreverente.

6.1. «El tiempo de un escritor: diacronía que basta por sí misma para desajustar toda sumisión al tiempo de la ciudad. Tiempo de más adentro o de más abajo: encuentros en el pasado, citas del futuro con el presente, sondas verbales que penetran simultáneamente el antes y el ahora y los anulan».

6.2. Tiempo externo y tiempo íntimo: los textos avanzan y retroceden porque la cronología de su aparición (fenotexto) no es la misma que la de su gestación (genotexto). Después de *Rayuela* surgen cuentos que son como supervivencias postergadas, como desprendimientos guardados de libros anteriores.

6.3. Salir del tiempo y del espacio euclideanos, galileicos, newtonianos: salir de la cronología y la topología instauradas por el consenso social, por la rutina, perpetua repetidora: contravenir las categorías usuales del entendimiento, la conciencia codificadora.

6.4. Puerta o pasaje: el humor: libre arbitrio para alterar el sistema de restricciones naturales y sociales: superación de lo real empírico: superación de la imaginación reproductora: crítica a los mecanismos de aprehensión convencionales: activante que precipita lo normal en un juego vertiginoso de inesperadas relaciones: «jugar con todo lo que brinca de esa fluctuante disponibilidad del mundo».

6.5. Puerta o pasaje: descalabrar la concatenación episódica, desarticular la coherencia discursiva, descoyuntar la verosimilitud realista: hacer estallar el lenguaje: provocar el gran desbarajuste que posibilite un nuevo ordenamiento (arquetipo mitológico: diluvio: apocalipsis: disolución: regresión a lo preformal: purificación: latencia germinal: nuevo nacimiento).

6.6. Romper la torpe máquina binaria: conjunciones en vez de disyunciones: puertas abiertas por doquier, puentes, pasajes de ida y vuelta: mutaciones reversibles: máxima plenitud: máxima polisemia: «encuentro ab ovo»: convergencia de todos en el centro del Gran Todo: idealismo, euforia panteísta, vitalismo orgiástico, erotismo universalizado.

13

7.1.   Desflorar el idioma: *Eros ludens*. No hay erotismo sin el ejercicio natural de una libertad ejercida con soltura: para conquistar la libertad sexual hay que conquistar antes todas las otras libertades.

7.2.   Erotismo: sexo + cultura: sexo + soltura: sexualidad por encima del ombligo: sexualidad cultivada o culturada.

7.3.   Erotismo: sexo culturado: sexo elaborado: de la sexualidad glandular a la mental: de la sexualidad fisiológica a la universal: del semen al sema.

7.4.   Erotismo: mundo de analogías carnalizadas: metáforas copulativas o cópulas omnianalógicas: un mismo arrebato amoroso lo conjuga todo: el mundo movilizado por la pasión copulativa (Breton): la ligadora carnal que todo acoyunta.

7.5.   Erotismo: abolición de controles, tabúes, censuras, represiones, sobre todo los hispanoamericanos (es decir, hispánicos): antimachismo. Contra la conciencia pecaminosa: contra la culpabilidad judeocristiana.

7.6.   Erotismo: transgresión de las leyes sociales: erotismo subversivo: transgresión de lo decible: el glíglico.

7.7.   El idioma castellano, trabado por una tradición de censores inquisitoriales, carece de adecuado registro erótico: es parco, opaco y entumecedor de lo erótico. El erotismo desborda la nominación disponible, vuelve el verbo impulsivo, avasallador, disuelve las palabras en un flujo expansivo, envolvente, encantatorio: un magma germinal donde el lenguaje recobra su poder genésico.

8.1.   Poner entre paréntesis a la conciencia vigilante (policíaca), deformante, inquisidora, forzadora: buscar la verdad intersticial.

8.2.   Distracción: defensas, censuras momentáneamente anuladas: máxima disponibilidad: no resistirse a la revelación excéntrica: «concatenaciones instantáneas y vertiginosos entre cosas heterogéneas»: los juegos de la imaginación en sus planos más alucinantes: heterogeneidades que se vuelven homogéneas, diversificaciones que se unifican, analogías de extramuros (externas al tiempo de la ciudad, tiempo de los famas, tiempo de los coleópteros): una convergencia pero siempre inestable, instantánea, precaria.

8.3. Descolocación, desajuste, equivocidad, extrapolación: antropofuguismo: saltos, aletazos, zambullidas: ruptura de lo previsible para percibir la flexibilidad y la permeabilidad de lo real: volverse «esponja fenoménica».

8.4. Llegar a una desnudez axial para trasponer el umbral de «una realidad sin interposición de mitos, religiones, sistemas y reticulados».

8.5. Romper la malla simplificadora, tranquilizadora, acomodaticia: sacar de las casillas: despertar el tiempo anestesiado.

8.6. Disrupción: «Los destiempos y los desespacios que son lo más real de la realidad».

9.1. Realidad: el conjunto de los hechos, de lo verificable: frontera móvil corregida y expandida por el avance del conocimiento.

9.2. Una de las funciones de la imaginación es fabular la realidad futura, aquella que será confirmada por la ciencia.

9.3. No se puede confrontar la literatura con la realidad empírica como referencia fundamental: confrontación que desnaturaliza lo específicamente estético y precaria por la mutación de eso que cómodamente llamamos realidad.

9.4. La ciencia cifra su progreso en la experimentación. La literatura también.

9.5. ¿Por qué negar a la literatura la posibilidad de experimentar y congelarla en un realismo servil, reproductor de una versión estereotipada de lo convenido como real? ¿por qué reducir la literatura al papel de comprobante en segunda instancia de lo real admitido, cuando su función es la de precursora de la futura realidad y compensadora de la precariedad de lo real?

9.6. Frente a «una realidad mediatizada y traicionada por los supuestos instrumentos cognoscitivos», Cortázar propone una gnoseología poética (en el sentido romántico): videncia, revelación, misterio, incognocibilidad por vía analítico-discursiva: agnosticismo vitalista, demoníaco. Objetivos: preparar al lector, provocar su desprejuiciada disponibilidad (credulidad), acrecentar su porosidad para convertirlo en Todo Uno, en eslabón de la cadena magnética del cosmos.

10.1. Literatura: entretenimiento demoníaco: «excipiente para hacer tragar una gnosis, una praxis o un ethos»: Literatura instrumental: la escritura es el utensilio para la búsqueda ontológica: la del ser pleno, la del hombre nuevo.

10.2. Cronopio, piantado, camaleón: hombre antiutilitario, antitotalitario, antiburocrático, antidogmático.

10.3. Literatura: nunca mera cocina, cosmética, oficio (artificio): oponerse a la facilidad: subordinar la destreza técnica a pulsiones, impulsos, pasiones: visiones compulsivas: escribir es un acto de amor: «De un cuento así se sale como de un acto de amor, agotado y fuera del mundo circundante».

10.4. Madurez técnica: maestría al servicio de un verdor candoroso, de una porosidad y disponibilidad infantiles.

10.5. Oficio al servicio: una actividad que no encuentra en sí misma su razón de hacerse: no juglaría sino mensajería: no el significante sino el significativo.

10.6. ¿Dos Cortázar?: uno que espera pergeñando páginas intermediarias hasta que se produzca la obertura, el salto metafísico, hasta que aparezca el paracaídas o parasubidas, el extrañamiento exorbitado.

10.7. Cuento: manotazo súbito, antirretórico, estado «exorbitado»: «una desesperación exaltante, una exaltación desesperada».

10.8. Escritura: impronta rapsódica: desarrollo inspirado, como en el jazz: tensión rítmica, pulsación interna: improvisación reglada: lo imprevisto dentro de parámetros previstos: la libertad fatal, ineludible.

10.9. Lo mejor de la literatura es *take*: riesgo creador: compromiso total: presente pleno: máxima intensidad.

10.10. Escritura: catapulta para trasponer el espejo (realidad especular, espejismo), para revertir el tapiz (cobertura ilusionista): «porque a mí me funciona la analogía como a Lester el esquema melódico que lo lanzaba al reverso de la alfombra donde los mismos hilos y los mismos colores se transformaban de otra manera».

10.11. Una convicción que comparto: nadie sabe exactamente lo que escribe. Dos interpretaciones posibles: poeta rapsoda-intermediario o tantas lecturas como lectores.

11.1. Cuento: génesis por explosión (cuando la fuerza expansiva es mayor que la de contención), por emergencia aparentemente súbita: maduración inconsciente: los cuentos caen como cocos sobre la cabeza: «frutos sumamente independientes que crecen solos en las palmeras y se tiran cuando les da la gana».

11.2. Cuento: burbuja llevada a su máxima tensión, a punto de estallar: «cuentos contra el reloj que potencian vertiginosamente un mínimo de elementos».

11.3. A la vez cuentos de génesis lenta, de compleja articulación, de elaboración más minuciosa: *Todos los fuegos el fuego, El otro cielo*: técnica simultaneísta, diacronías que se vuelven sincrónicas, montaje cinemático: múltiples intentos para abrir la cerrazón formal del cuento.

11.4. El cuento excluye la intervención directa del demiurgo: «que el lector tenga, pueda tener la sensación de que en cierto modo está leyendo algo que ha nacido por sí mismo, en sí mismo y hasta de sí mismo».

11.5. Literatura: desafío: rehuir la facilidad, la seguridad de lo ya probado con éxito: no ceder a la tentadora repetición: salto del cuento a la novela.

12.1. Novela: estructura más abierta: continente más vasto y más plástico: gran totalizadora apta para todo contenido. Género más gnómico: permite a la conciencia reflexiva explicitarse (y a veces explayarse). El cuento no tolera digresiones, pasajes parásitos, demoras de la acción. En la novela, la meditación, el debate, el esclarecimiento pueden incorporarse a la progresión como activantes: el discurso cognoscitivo puede volverse funcional *(Morellianas)*.

12.2. Novela: literatura más gnómica. Mayor dosis autoexpresiva, autorreferente, autorreflexiva, autobiográfica *(Rayuela)*.

12.3. Novela: multiplicación de las perspectivas que acrecienta las posibilidades intersticiales.

12.4. Apertura y cierre: expansión y contracción como las pulsaciones de un mismo organismo. Diástole: de *Los premios* a *Rayuela* (técnica de mosaico, collage [ensamblaje de materiales diferentes que no pierden su alteridad], multiplicidad focal, mayor margen de libertad operativa: lector elector). Sístole: *62 Modelo para armar* (sistema combinatorio más riguroso [simbolización de la figura], dibujo más perfilado, forma más compacta, mejor imbricada, pero semánticamente siempre ambigua, plurivalente). Diástole: *Libro de Manuel* (vuelta al collage, a la diversificación estilística, a mayores desniveles y más polimorfismo).

13.1. Collage: almanaque: *La vuelta al día en ochenta mundos, Ultimo round*: estructura discontinua capaz de incorporar retazos de todos los discursos posibles: símbolos de la heterogénea y simultánea multiplicidad de lo real.

13.2. Collage: no el edificio clásico (despliegue proporcionado, progresivo, simétrico: metáfora de la armonía universal), sino el laberinto, la ramificación, el jardín de los senderos que se bifurcan.

13.3. Collage: la coexistencia de heterogeneidades como principio de composición. No la homologación, la integración de los materiales en un continuo unificador, la reducción al común denominador, sino la diversidad a veces en bruto: recortes de periódicos, citas, extractos de distintas fuentes letradas e iletradas, incorporados sin reelaboración: discursos, protocolos preexistentes que se yuxtaponen con el del autor: discurso polimorfo, plurifocal, politonal.

13.4. Collage: una visión del mundo: imposibilidad de reducir la heterogénea simultaneidad de lo real a canon o norma igualadora: imposible reducir el caos a cosmos.

13.5. Intertextualidad irreductible a una palabra conciliadora, a la concertación, a la universalidad abstracta del viejo humanismo.

13.6. Oscilación de Cortázar entre heterogeneidad caótica y un principio de concertación sobrehumano: las fuerzas que nos inscriben en ignoradas figuras: «las figuras pavorosas que tejen en la sombra las grandes Madres».

14.1. Relación vital entre autor y obra: relación visceral, sanguínea, glandular: la vida es la fuerza transmisora que conecta todas las instancias del proceso (de la emisión a la recepción del mensaje). Vida: animación biológica, la suma de lo experimentado, el complejo de lo vivido en bloque, como organismo no desmontable.

14.2.   Identificación vital del narrador con sus personajes: cordón umbilical ramificado o cordones al por mayor.

14.3.   Libros fraternalmente incitadores, provocadores, conmovedores: libro-abrazo: librazo.

14.4.   Libro entrañable: despertador de «un eco vital, una confirmación de latencias, de vislumbres, de aperturas hacia el misterio y la extrañeza y la gran hermosura de la vida».

14.5.   «De mi país se alejó un escritor para quien la realidad, como la imaginaba Mallarmé, debía culminar en un libro; en París nació un hombre para quien los libros deberán culminar en la realidad.»

14.6.   Objetivos vitales = objetivos textuales. Obra = conducta. Modo de escribir: modo de vivir: escribir lo vivido y vivir lo escrito: escribir lo vivible.

14.7.   Relación vital: relación generadora de insatisfacción, de desajuste. Lo escrito por la imaginación en libre juego (sin las ataduras de lo real verificable y practicable) precede y supera a lo vivido: dificultad de vivir lo escrito.

14.8.   Cortázar: literatura empedernidamente axiológica: desesperada y contradictoriamente propone cánones de conducta, emite juicios de valor, da direcciones morales. *Rayuela*: proposiciones (alusivas, figuradas, metafóricas, expresas) para un humanismo liberador.

14.9.   Contrapartida: liberación total implica también liberación del mal, abrir la caja de Pandora: liberación de instintos destructivos, de fuerzas aniquiladoras. Mal, casos, entropía, muerte, dispersión, disolución, caída, vacío: la perpetua presencia amenazante a la que no siempre puede rehuirse por el salto imaginativo, el vuelo evasivo, la ilusión poética: fracaso de Oliveira.

14.10.   Libertad acrecentada e ilusión de libertad: destino decidido por las Hilanderas que urden esas tramas en las que somos un hilo entrecruzado, anudado, tenue, intermitente.

14.11.   Liberación total: liberarse de las contingencias: liberarse de la historia: liberarse de la especie: «Un hombre debería ser capaz de aislarse de la especie dentro de la especie misma, y optar por el perro o el pez original como punto inicial de la marcha hacia sí mismo.»

15.1.   Imposibilidad de eludir el condicionamiento histórico: «En lo más gratuito que pueda yo escribir asomará siempre una voluntad de contacto con el presente histórico del hombre». Historicismo tácito pero no determinismo histórico: partir de la determinación histórica para superarla.

15.2.   Escribir históricamente: ¿escribir la historia?: no, escribir en la historia: inscribirse en la historia.

15.3.   Orientarse hacia «una trascendencia en cuyo término esté esperando el hombre»: la trascendencia del arte que involucra su época para sobrevivirla: trascender lo literario: «Contar sin cocina, sin maquillaje, sin guiñadas de ojo al lector»: desnudarse: «De golpe las palabras, toda una lengua, la superestructura de un estilo, una semántica, una psicología y una facticidad se precipitan en espeluznantes harakiris»: bañarse en los ríos metafísicos: regresión a lo preformal, regeneración, nuevo nacimiento: siempre el mitema arquetípico.

15.4.   El condicionamiento histórico: autor representativo de su época: los jóvenes de América encuentran en Cortázar su portavoz, su intérprete: Cortázar expresa, figura, simboliza el mundo por ellos deseado: abolición imaginaria (ficción narrativa) de las restricciones de la realidad empírica.

15.5.   Cortázar significa valores (tendencias, preponderancias, elecciones, pasiones, pulsiones, repulsiones) de su época: valores que cuentan con la adhesión sentimental de multitud de lectores: valores realizables e irrealizables: más que prácticas o realidades fácticas son proyecciones liberadoras y compensatorias de la represión realista.

16.1.   Tendencia metafísico-estética y compromiso político. Catalizador: la Revolución Cubana: la vislumbre de un socialismo capaz de devolver al hombre la plenitud de su condición humana.

16.2. Revolución: tiempo abierto, tiempo esponja, edad porosa, Proyecto utópico: «La revolución será permanente, contradictoria, imprevisible, o no será.»

16.3. Identificación de vanguardia y retaguardia políticas con vanguardia y retaguardia estéticas: «La colonización, la miseria y el gorilato también nos mutilan estéticamente»: abolir las opresiones político-sociales es abolir las estéticas.

16.4. Papel transformador de las minorías esclarecidas: rebelión de los adelantados (vanguardia revolucionaria) como detonador de la rebelión generalizada: París, mayo del 68.

17.1. Visión totalizadora de la historia y de la cultura: empedernido cosmopolitismo: expatriado, poligloto, lector y escritor del más amplio espectro cultural, pertinaz explorador del planeta: circulación permanente por todos los tiempos y lugares: perpetuo itinerante nunca anclado ni aquietado.

17.2. Argentinismo tácito, antinacionalista («nacionalistas de escarapela y banderita»): argentinismo sustancial como conformación básica, no como autoctonía restrictiva («telurismo estrecho, parroquial, aldeano»).

17.3. Americanismo (como el del Che): voluntad de asumir la condición de intelectual del tercer mundo. La escala continental conviene más a su vocación ecuménica, a su expansiva apetencia de apertura.

17.4. Escribir para propio deleite o tormento sin concesiones ni obligaciones latinoamericanas o socialistas consideradas como presupuestos pragmáticos.

17.5. «Rayuela, un problema metafísico, un desgarramiento continuo entre el monstruoso error de ser lo que somos como individuos y como pueblos en este siglo, y la entrevisión de un futuro en el que la sociedad humana culminaría por fin en ese arquetipo del que el socialismo da una visión práctica y la poesía una visión espiritual.»

18.1. Personalidad camaleónica: conocer sin identidad: anegarse en la realidad sin consignas: Cortázar: proteico, imprevisible, contradictorio, metamórfico: un mutante que ha cambiado varias veces de existencia.

18.2. Conciencia conflictiva, desgarrada: como en todo intelectual actual: discordia inconciliable entre deseo y realidad, entre querencia, apetencia y posesión, entre lo buscado y lo dado, entre el anhelo de liberación, renovación, revolución y la resistencia atroz de un mundo cada vez más destructivo, más opresor, más inhabitable. El pago de la lucidez: desasosiego: el pago de la honradez: permanente desajuste.

18.3. Logros: textos magistrales: posesiones fulgurantes, inscriptas: intermitencias de esplendor, registradas: manotazos y roces solares, escriturados: un decir duradero, empuñado: varios rounds a favor: pelea ganada.

Apostilla: Fuentes de donde fueron extraídas las citas, todas de Cortázar:

HCF *Historias de cronopios y de famas,* Minotauro, Buenos Aires, 1962.
LVM *La vuelta al día en ochenta mundos,* Siglo XXI, México, 1967.
PO   *Prosa del observatorio,* Lumen, Barcelona, 1972.
R   *Rayuela,* Sudamericana, Buenos Aires, 1963.
UR   *Ultimo round,* Siglo XXI, México, 1969.

Indicación de parágrafo, obra y número de página:

1.2: HCF, 1.2 y 11. 1.5: PO, 7. 3.3: R, 577. 4.1: UR, 37. 4.5: LVM, 18. 6.1: LVM, 67. 6.4: LVM, 49. 10.3: UR, 38. 10.7: UR, 41. 10.10: LVM, 7. 11.1.: UR, 29. 13,7: UR, 31. 14.4: UR, 213. 14.5: UR, 208. 14.11: R, 560. 15.1: UR, 217. 15.2: R, 544. 15.3: R, 544 y 602. 16.2: UR, 60. 17.2: UR, 201. 17.5: UR, 213.

EROS LUDENS

(Juego, amor, humor según *Rayuela*)

Al suplantar el título inicialmente previsto, «Mandala», por el definitivo de *Rayuela,* Julio Cortázar desgrava su novela de exceso sacramental y vuelve explícito ese eje lúdico que es generador del texto y que lo atraviesa por entero. Al titularla *Rayuela* privilegia la noción de juego sobre la de ritual iniciático, aproxima el espacio narrativo a un ámbito más inmediato, más ligado a la experiencia común. Así la trasmutación mítica, la capitalización simbólica se operarán a partir de una imagen más trivial pero con mayor concreción empírica, con menor poder de extrañamiento pero con más carga simpática, más vívida, más vivida. Cortázar sustituye el centro o círculo supremos, símbolo del universo y receptáculo de lo divino, sustituye el recinto mágico, panteón, montaña sagrada, espacio concentrado, nuclear, apto para la oración y la meditación, espacio epi y teofánico, eje del mundo que comunica con las energías cosmogénicas, sustituye este templo, *imago mundi,* por su versión degradada y divulgada: la rayuela. Cambia de vector semántico para imprimir a la novela otra circulación del sentido. En lugar del centro o cámara matriz, espacialización de lo extraespacial, imagen y motor de la ascención espiritual, retorno del yo al uno primigenio, concentración de lo múltiple en la unidad original, propone un entretenimiento infantil jugado ingenuamente, ignorando que se trata de la figura de la basílica cristiana, sustitución de otros diagramas más remotos, de otros laberintos.

El rectángulo de partida, equivalente a tierra, representa el atrio; el recorrido, originalmente en siete partes (días de la semana o círculos celestes) se desarrolla a través de la nave para desembocar en la media luna del paraíso o ábside. Según el texto sólo los candorosos —Maga, niños o locos— instalados de por sí en la plenitud inocente, los que perciben directamente las verdades elementales por una identificación no especulativa, por un contacto precodificado, precategorial, prelógico con la concreción sensible en su suma inmediatez, sólo los que poseen ese conocimiento por consubstanciación simpática, los que son y están sin saberlo conservan la pericia para salvar todos los obstáculos del accidentado transcurso que impone la rayuela. Sólo ellos tienen acceso a la zona sagrada, al kibbutz del deseo, a la completud, a la plenitud del contacto con lo axial.

Cortázar desecha el denominador mandala, demasiado remoto y recargado de valor escatológico, porque sobrevalora lo que la novela tiene de teodicea; elige rayuela que pertenece al acervo común y le va transfiriendo la carga alegórica de mandala, de representación del universo, de viaje iniciático marcado por las pruebas purificadoras de dificultad creciente para arribar al cielo, máxima consistencia óntica, revelación, clarividencia, comunión plenaria. Recorrido de la rayuela se equipara con recorrido de la existencia humana, el juego será como el destino una conjunción de destreza más azar.

Paradójicamente, la rayuela aparece antes como metáfora que como anécdota. En la novela hay dos rayuelas; la «del lado de allá» no interviene directamente en la historia, es una referencia del discurso, una figura traslaticia, rayuela metafórica que progresivamente se cargará de valor transcendental, y es con todo ese respaldo semántico, con ese atesoramiento fiduiciario que entra en la historia «del lado de acá» para convertirse en rayuela factual (¿irreal la una, real la otra, reales o irreales ambas?), dotada del poder transmutador de un mandala, capaz de operar la transfiguración de Talita en la Maga. En *Rayuela* los espacios donde se ubica la acción son siempre simbólicos, lo son positiva o negativamente, espacio diferenciado, espacio débil (territorio) o fuerte (zona, agujero, puente o pasaje). Incluso la referencia a París, sitio verificable con existencia extratextual, significa aquí laberinto, rayuela, mandala, centro, ovillo mágico, lugar de rabdomancia, de geomancia, vía de acceso al numen: «París es un centro, entendés, una mandala que hay que recorrer sin dialéctica, un laberinto donde las fórmulas pragmáticas no sirven más que para perderse. Entonces un *cogito* que sea como respirar París, entrar en él dejándolo entrar, neuma y no logos.» (94:485)[1] En *Rayuela* todos los lugares son simbólicos: el texto establece los espacios y su significación como interventores, como intercesores, los configura y valida.

La rayuela es a la vez juego y puente o pasaje, o mejor dicho es puente o pasaje en tanto juego. El texto *Rayuela* es una jugada metafísica, un juguete lírico, una juguetería novelesca, una jugarreta contra el raciocinio occidental, contra «el callejón sin salida de la Gran-Infatuación-Idealista-Realista-Espiritualista-Materialista del Occidente, S. R. L.» (99:510). Enjambre de propósitos y despropósitos

---

[1] Los números entre paréntesis indican el capítulo y la página de Julio CORTÁZAR: *Rayuela*, Editorial Sudamericana, Buenos Aires, 1963.

en pos de una «antropofanía», es «la denuncia imperfecta y desesperada del *estabilshment* de las letras, a la vez espejo y pantalla del otro *establishment* que está haciendo de Adán, cibernética y minuciosamente, lo que delata su nombre apenas se lo lee al revés: nada.» [2] Ante la crisis de la noción tradicional de homo sapiens, dado el fracaso de nuestros falaces instrumentos cognoscitivos, *Rayuela* figura la revuelta de un hombre que busca reactivos o catalizadores para provocar el contacto desnudo y desollado con la realidad no mediatizada por la «interposición de mitos, religiones, sistemas y reticulados».

Los antídotos contra el totalitarismo ego y logocéntrico, contra el absolutismo tecnológico, contra la lógica de la dominación, contra el logos unidimensional, castrador, descarnado, represivo, los recursos para enderezar la distorsionada evolución del pensamiento occidental, las salidas para un nuevo recomienzo metafísico o las entradas para recuperar la completud del comienzo, los que Cortázar llama puentes o pasajes son negativos y positivos. Una tríada negativa —inconducta, desfasaje, locura— se complementa con otra positiva —eros, juego, humor—.

La desconducta contraviene inveteradamente el ordenamiento estatuido, consiste en practicar la más obstinada marginación para llegar al reverso del anverso, en salirse no sólo de la gnosis convencional sino también del recorrido habitual de los autobuses y de la historia, de la libreta de enrolamiento, de los actos y palabras de la tribu, de los cuadros sociales, de toda imposición fiscal o moral, consiste en aislarse de la especie, ser un mono, un perro o un pez entre los hombres para eliminar, por regresión, todo residuo de falsa humanidad. La desconducta implica desencasillarse, desetiquetarse, desclasificarse, descategorizarse, deshilvanarse, provocar por el desorden, con insensatez —«... algo le dice que en la insensatez está la semilla, que el ladrido del perro anda más cerca del omega que una tesis sobre el gerundio en Tirso de Molina.» (125:560)— la apertura, la porosidad fenoménicas que permitan el reintegro a la fluencia y a la mutabilidad de lo real. Las dos partes de la novela factual concluyen con máximas desconductas: el nauseabundo comercio erótico con la linyera Emmanuele y el acantonamiento de Oliveira detrás de la maraña de hilos y el foso de palanganas. La desconducta determina tanto la historia como el discurso; *Rayuela* puede considerarse como un intento de desescribir la novela, de deseducarse literariamente para que el lenguaje reviva entrañándose en la realidad —«Del ser al verbo, no del verbo al ser.» (99:503)—.

La desconducta es sobre todo una actitud social, un contrataque

---

[2] J. Cortázar: «Del sentimiento de no estar del todo», en *La vuelta al día en ochenta mundos,* Siglo XXI, México, 1967, p. 26.

para contrarrestar la Gran Costumbre. Su correlato interior, en el plano de la percepción, es el desfasaje, el autodescolocamiento, el no estar o estar a medias: «sentimiento de no estar del todo en cualquiera de las estructuras, de las telas que arma la vida y en las que somos a la vez araña y mosca.»[3] Oliveira ejerce la «atenta desatención» como escapatoria de la visión utilitaria, busca por lateralidad volverse receptivo y esponjoso para acceder a la paravisión, a ese instantáneo asomarse a lo absoluto donde todo se vuelve extrapolable, intervalente. Oliveira ejerce la visión intersticial para detectar las fisuras de lo apariencial y entrever por ellas el mundo en sí y según su propia naturaleza. Esta tendencia a salirse de sí mismo, a la excentración y al extrañamiento, este afán de tocar el trasfondo psíquico, de trasponer el absurdo imperante extremándolo, de alcanzar por empedernida transgresión la suma naturalidad implican un avecinamiento, un empalme admirativo con ese absurdo radical que es la locura, locura identificada con el inescrutable orden de los dioses, como si por la sin razón humana se llegase a la razón cósmica.

Estos puentes intercesores, estos pasajes potenciadores se entrecruzan, convergen en múltiples encrucijadas textuales, compaten, complotan, catapultan, conjuntivos urden sus escaramuzas, sus subversiones de distinto grado, desde la travesura hasta el más raigal trastocamiento. Secuaces de una misma gavilla, operan simultáneamente en todos los niveles, determinan no sólo lo representado sino los medios de representación, condicionan tanto la imaginería como la reflexión, el mensaje como su soporte. En contraposición con los puentes o pasajes negativos para evadirse del territorio de los famas, están los que permiten el acceso a la zona liberada. Son básicamente tres: juego, amor, humor, que se reúnen en el cortazariano emblema de *eros ludens*.

El juego, ruptura del continuo normal, al eximir de apremios externos, escinde el orden del realismo utilitario. Interregno festivo, transporta a una zona de excepción donde se recupera el albedrío. Permite escapar a la imperiosa satisfacción de las necesidades inmediatas e ingresar en otra esfera de actividades que tienen su propia tendencia, su peculiar regulación. Si se acepta, cobra carácter impositivo, instaura un código cuya violación puede acarrear pérdidas imprevisibles. Los juegos establecen su propia progresión, su propia concatenación. Pueden comenzar, como el episodio del puente de tablones por el entretenimiento trivial de enderezar clavos sin saber para qué. Una dinámica aparentemente aleatoria, caprichosa, pero aceptada como principio causal (*challenge and risponse*) va determinando un avance cada vez más absorbente, más riesgoso, más decisivo, más trascendental. El juego, una vez embarcados en su ámbito

---

[3] *Ibíd.*, p. 21.

específico, no admite ni revisión de sus reglas ni impugnación de sus mandatos. La libertad de opciones se conjuga con una extrema fijeza. El juego absuelve de las restricciones de lo real empírico y al trasladar a un tiempo y un espacio diferentes, al instaurar una comunidad aparte en un dominio separado, posibilita un contacto extraordinario con la realidad. Implica un trastocamiento propenso a ritualizarse por su contigüidad con lo mítico, lo litúrgico, lo esotérico. Provoca un pasaje de lo cultural a lo cultual. Cargándose, como en *Rayuela*, de riqueza metafórica, de plenitud simbólica, se vuelve nexo entre percepción estética, mística, es decir, alógica o analógica, y percepción lúdica. El juego se convierte en puente hacia la solidaridad cósmica. [4]

La conjunción figurada de amor y juego se consuma por ejemplo en el capítulo 21, p. 115, donde la Maga traslaticiamente deviene «vertiginosa rayuela»:

> (...) Por qué no había de amar a la Maga y poseerla bajo decenas de cielos rasos a seiscientos francos, en camas con cobertores deshilachados y rancios si en esa vertiginosa rayuela, en esa carrera de embolsados yo me reconocía y me nombraba, por fin, y hasta cuándo salido del tiempo y sus jaulas con monos y etiquetas, de sus vitrinas Omega Electron Girard Perregaud Vacheron & Constantin marcando las horas y los minutos de las sacrosantas obligaciones castradoras, en un aire donde las últimas ataduras iban cayendo y el placer era espejo de reconciliación, espejo para alondras pero espejo, algo como un sacramento de ser a ser, danza en torno al arca, avance del sueño boca contra boca, a veces sin desligarnos, los sexos unidos y tibios, los brazos como guías vegetales, las manos acariciando aplicadamente un muslo, un cuello...

El amor con la Maga resulta un encuentro numinoso, un contacto central, axial que transfigura la miserable guarida en edén. Reconocimiento, verdadero conocimiento del ser en sí, permite acceder al nombre, abolida toda distancia entre el signo y la cosa significada.

---

[4] El ludismo es componente basamental de *Rayuela;* interviene de manera determinante en el proceso de producción del texto y actúa en todos sus niveles. Los juegos entran en la historia novelesca con variable ingerencia, con distinta importancia factual, con más o menos funcionalidad narrativa (la máxima narrativización la reciben el puente de tablones y la defensa con hilos, rulemanes y palanganas). Están los juegos que transcurren en el nivel del significado y aquellos que afectan el discurso, que obran en el nivel específicamente lingüístico: son verbales, como los juegos en el cementerio, las preguntas balanza, la invención de titulares periodísticos, los diálogos típicos, las jitanjáforas en lenguas desconocidas, etc. Además del juego metanarrativo, el de la relación especular con el libro de Morelli, la estructura abierta, la lectura electiva o aleatoria, la multiplicación de posibilidades operativas son efectos de una actitud lúdica que el autor quiere infundir al lector para que aborde *Rayuela* lúdicamente, para que la reproduzca jugando.

Vía unitiva, triunfo del principio de placer sobre el principio de realidad, anula biografía, cronología y topología horizontales, invalida el entorno mutilador. En el amor, la vida se desnuda y desanuda gozosamente para recobrar la plenitud, la integridad primigenias. La solidaridad amorosa es reconciliación, religamiento libérrimo con la realidad sustancial sin interpósitos deformantes o distanciadores (convenciones sociales y cognoscitivas, lenguaje estereotipado). «Sacramento de ser a ser, danza en torno al arca» indican transfiguración, proyectan a un tiempo y un espacio primordiales, anuncian una epifanía natural, ligada con la desnudez adámica, no mancillada por vestiduras, signos del tiempo histórico, anuncian el reintegro armónico a esa persona mixta, a esa multiplicidad integral y omniforme que es el universo.

Hay en *Rayuela* una bipolaridad amorosa entre juego y sacrificio que tiende a radicalizarse, a convertirse en la oposición extrema de vida y muerte. Por un lado los juegos se sacralizan, se vuelven vectores del sentido supremo, transporte hacia la zona sagrada, se ritualizan, tórnanse ceremoniales, hierofánicos, buscan ascender a sacrificio, como la trasmutación de la Maga en Pasifae y de Horacio en toro de Creta. Por otro lado, se da la contraofensiva de «evitar como la peste toda sacralización de los juegos», de impedir el enajenamiento, la pérdida del control. Cuando sobreviene la caída en el delirio pánico, la absorción de los amantes por el pathos erótico, el juego y el humor mancomunados obran de anticlímax, de factores de distanciamiento desacralizador, desmitificador, despatetizador.

Entre los juegos iniciáticos con tendencia a ritualizarse, vinculados a la esfera erótica, imbuidos de relaciones misteriosas (mito, magia, liturgia, sacramento), de simbología cosmológica, como rayuela y calidoscopio, se encuentran la rabdomancia ambulatoria y el juego de las peceras. La rabdomancia ambulatoria postula encuentros fatales por atracción astral o por transmisión telepática. Es a la vez manipuleo lúdico, comercio con las fuerzas ocultas y contravención de las prácticas convencionales; significa colocarse en estado de excepción, en disponibilidad. Consiste en citarse vagamente en un barrio a cierta hora y peregrinar por el laberinto parisino hasta encontrarse, por pálpito, por imantación. Para Oliveira esta deriva guiada por un control remoto invalida sus «adocenados resortes lógicos», desbarata sus «prejuicios bibliotecarios». El amor imán, con su juego de atracciones y rechazos, opera como causa de razón suficiente o sin razón causal, como conductor concertante/desconcertante de encuentros y desencuentros. Con uno de los tantos arranca *Rayuela*, novela signada por la acción y la noción de búsqueda. [5]

---

[5] La búsqueda marca todo el relato. *Rayuela* principia con la pregunta «¿Encontraría a la Maga?» (1:15). Oliveira buscador prospectivo (Maga, edén) y retrospectivo (el juego de recobrar lo insignificante, lo inostentoso, lo pere-

El juego de las peceras es también pasaje del territorio a la zona, salir de la calle y entrar flotantes en el mundo fluido, abolir los comportamientos que obstruyen la libre circulación entre todos los órdenes de la realidad. El juego de las peceras restablece la intervalencia delicuescente (los amantes son peces, pájaros rosa y negro, mariposas, Giotto, perros de jade, nube violeta), la comunicación unánime. Borrachera de metáforas y analogías, la inmersión en las aguas míticas permite a la imaginación omnímoda y omnívora ejercer libremente su eros relacionable, franquear las paredes de las peceras y reintegrarse esporádicamente a la candorosa solidaridad paradisíaca.

El erotismo instaura el imperio de la irrestricta, incondicionada, irreprimible convergencia homológica. Pleamar fusora y efusiva, impone al refrenado mundo objetivo, el del sentido recto, la proliferación imaginante del sentido figurado. Presa de la pasión copulativa, todo es arrebatado por el efluvio metafórico, acoyuntado por una universal emparejadura.

El juego propiamente amoroso implica contacto corporal, una progresión que culmina con el acoplamiento, un simultáneo absorberse, la mutua disolución de la individualidad del orden diurno, la fusión y confusión nocturnas, la cópula que machihembra a los amantes en una sola entidad, la bella muerte sexual. Puede comenzar por la caricia juguetona, como el repaso con la pulpa digital de la boca de la Maga (7:48), o por el juego del cíclope; consiste en mirarse a los ojos cada vez más cerca hasta que las bocas se encuentran, se muerden, se lamen, se exploran. El juego aquí se liga con hombre animalizado, con involución regeneradora, con el tiempo inmemorable, con oscuro descendimiento a lo preformal, con mitemas naturalizantes que restablecen la solidaridad cósmica. El juego se transforma por enardecimiento en contienda encarnecida, en guerra de amor.

El quinto capítulo de *Rayuela* representa la culminación del clímax erótico, la alucinada metamorfosis de Horacio en toro y de la Maga en Pesifae, el transporte del amor transgresor que posibilita, mediante un ascesis bárbara, por saturación sexual, el salto a la otredad. La Maga se prende desesperada a los momentos de colmo erótico; para ella la progresión orgásmica «era como despertarse y conocer su verdadero nombre»; la cópula, plenitud corporal, le otorga

---

cido), se autodefine como tal: «Ya para entonces me había dado cuenta de que buscar era mi signo, emblema de los que salen de noche sin propósito fijo, razón de los matadores de brújulas.» (1:20). La Maga también está fascinada por la búsqueda: «En fin, no es fácil hablar de la Maga que a esta hora anda seguramente por Belleville o Pantin, mirando aplicadamente el suelo hasta encontrar un pedazo de género rojo. Si no lo encuentra seguirá así toda la noche, revolverá en los tachos de basura, los ojos vidriosos, convencida de que algo horrible le va a ocurrir si no encuentra esa prenda de rescate, la señal del perdón o del aplazamiento.» (1:21).

la máxima consistencia ontológica; reveladora de la verdadera identidad, de la entidad más sustancial. La puja que activa la secuencia es la de la euforia lúbrica contra la disforia de la zona crepuscular, biográfica; los recuerdos que afloran, apesadumbran, son vectores de deflación: frustración, mutilación de la completud, mancilla, desvirtuación de la verdadera naturaleza, penumbra fría y hostil: entropía.

El amor fulgurante, férvido, incandescente del tiempo vertical que conecta con el centro lucha contra el tiempo profano, de irreversible usura, oscurecimiento, desmantelamiento. La pareja pugna entre comunión y divorcio. La función de Oliveira es la de excitar a la Maga para impedir su caída en el apagamiento, en el apocamiento. La incitación comienza con el ludismo erótico para provocar por el juego el pasaje del orden regido por el principio de realidad al placentero, para sobrepasar el cerco de las restricciones psicofísicas del mundo del gravamen, para impulsar al despegue, para causar la entrega que posibilite el trance transfigurador, el aflujo por desarreglo o desmesura de la ahistoria o transhistoria, o sea, de la verdad radical.

«... entonces había que besarla profundamente, incitarla a nuevos juegos, y la otra, la reconciliada, crecía debajo de él y lo arrebataba» (5:43). El arrebato, la embriaguez orgiástica, anula restricciones, separación, delimitaciones; implica la pérdida temporaria de la individualidad constreñida, trabajosamente construida en el mundo de la vigilia, el de las clasificaciones categoriales, mundo cultural e histórico del discurso de arriba, superpuesto sobre la espesa indiferenciación de la especie. Amor frenético implica enajenamiento, confusión de individualidades, anulación de los contrarios, de la heterogeneidad sexual; devuelve a la fusión andrógina, provoca la momentánea muerte del yo egocéntrico, de la conciencia censora, hace regresar a la indiferenciada continuidad natural, a lo genésico y genérico que es la especie. El control vigilante (intelección analítica, sucesión discursiva, remonte abstracto) se opone al descontrol pánico, imperio de la imaginación instintiva, materializante, abolición de la historia biográfica, regreso a la memoria ancestral, tránsito del cosmos al caos, caída a lo informal, a lo protoplasmático anterior a la emergencia, a la consolidación, a la diferencia de formas netas, caída al reino de abajo, a la oscura mezcla, a la espesura carnal, a la confusión entrañable: «(...) se daba entonces como una bestia frenética, los ojos perdidos y las manos torcidas hacia adentro, mítica y atroz como una estatua rodando por una montaña, arrancando el tiempo con las uñas, entre hipos y un ronquido quejumbroso que duraba interminablemente.»

El arrebato regresivo libera catastróficamente de la unidimensión, del pensamiento generalizador, categorial, policíaco, de la ilusoria neutralidad cognoscitiva; es un satori o cataclismo mental que entable un contacto transido con la materialidad del no yo, con el otro y lo otro por transustanciación; es un colmo de realidad arrollador que desbarata las defensas del ego, una atroz entrega a la plenitud del comienzo, una devolución agónica a la integridad primordial. Delirante descarte del pensamiento abstracto, volatilizador de lo sensorial, aplanador de lo cualitativo, el frenesí bestial restablece la percepción inmersa, participante, precodificada, precategorial, prelógica: no logos sino neuma, no sema sino soma, semen.

El paroxismo sexual entraña la abolición del discurso lineal, emergente, acaba con la coherencia ilativa, con la concatenación causal de superficie, la de la sucesión ordenada, del despliegue progresivo, impositivamente unívoco; produce la irrupción del aturdimiento equívoco, de la promiscuidad, cancela la distancia entre las palabras y las cosas, entre sujeto y objeto, interioridad y exterioridad, cuerpo y mente, causa y efecto, cosa en sí y fenómeno, ser y no ser, deroga los dualismos de la reflexión, del esclarecimiento (esclarecimiento vs. oscurecimiento, lucidez vs. turbidez, clarividencia vs. oscurvidencia). Pasmo, pasión, efusivo descenso —«como una estatua rodando por una montaña, arrancando el tiempo con las uñas»— descenso al discurso corporal. La palabra carnalizada recupera su dimensión en profundidad, deviene consustancial, capaz de incorporar lo otro, la materia externa, de incorporar al otro, el ser amante y amado al adentro, capaz de adentrar, adentrarse penetrante y penetrada, de ingurgitar, de absorberlo todo a su propia materia. Palabra libidinal, palabra pulsional, pujante pugna entre expulsión e ingestión, entre el instinto de conservación y el de muerte.

La vuelta al estado mítico trasmuta el tiempo horizontal, profano, de la sucesión vectorial irreversible, el de la muerte cotidiana y mezquina por inanición, por desvirtuación, en tiempo de la epifanía catastrófica, tiempo vertical que aúna con los centros generadores y regeneradores, tiempo reversible que devuelve al comienzo, tiempo circular del eterno presente, de reintegro a los ciclos genésicos. Implica excentrarse, descontrolarse para desandar la evolución, desculturarse para deshistorificarse: «Una noche le clavó los dientes, le mordió el hombro hasta sacarle sangre porque él se dejaba ir de lado, un poco perdido ya, y hubo un confuso pacto sin palabras.» (5:43-44) Es un regreso *ab ovo,* un retroceso al instinto desembarazado, no distorsionado ni menguado por el logos sin eros. Recuperación de toda la energía deseante, evita que la palabra se sustituya a la experiencia, que preceda, etiquete y oculte el ser (verba sin res).

La vuelta a la confusión del fondo y origen equivale a muerte: «Oliveira sintió como si la Maga esperara de él la muerte, algo en ella que no era su yo despierto, una oscura forma reclamando una aniquilación, la lenta cuchillada boca arriba que rompe las estrellas de la noche y devuelve el espacio a las preguntas y a los terrores.»

31

La plétora sexual proyecta fuera de sí, la violencia copulativa retrotrae al ego al estado elemental, despalabra, descalabra el orden apolíneo, cancela el yo despierto, catapulta hacia la desmesura cósmica, hunde en la noche matriz, pululante de acoplamientos que engendran y aniquilan. Oliveira, «excentrado como un matador mítico para quien matar es devolver el toro al mar y el mar al cielo», consuma por el sacrificio la restitución del sacrificado al mundo de abajo, su descenso al centro dador y receptor. El sacrificio entabla un intercambio de energías, vida por vida, para restablecer la circulación con las potencias madres.

Poseído por el ritual orgiástico, Oliveira se metamorfosea en toro, titán primordial, paradigma de la potencia viril, arquetipo del semental, muda en toro de Creta, encarnación de Zeus, el fecundante, el modelo de la fertilidad masculina, promiscua deidad de las múltiples nupcias, el copulativo por excelencia. En el paroxismo de la tensión vital, en el rito de la opulencia bárbara, el furor sexual provoca por desborde la convergencia de la orgía humana con lo excesivo natural, con la lujuriosa sobreabundancia de la naturaleza. El sacrificio rompe toda retención, transgrede toda linde, «devuelve el toro al mar y el mar al cielo», reinstala en el ámbito cósmico, implica un estremecimiento universal, el cataclismo que devuelve a la materia prima para posibilitar una nueva creación.

Oliveira, toro que reconcilia por el exceso natural el orden humano con el animal, que hace aflorar frenéticamente las virtualidades germinales, transforma a la Maga en Pesifae, madre del Minotauro, y la somete al desarreglo de los sentidos, a la máxima vejación, a una contravención expiatoria de la conducta reglada, a la irrupción abrumadora de un colmo corporal. Este colmo de materialidad, de materia grosera, confusa, densa, desbarata la conciencia previsora que sólo acepta las dosis de realidad susceptibles de regulación. Esta plétora se descarga con pavor, liga con el primitivo orden titánico, con la fuerza terrible, con la profundidad abismal. La vorágine de ultrajes representa la posesión de los extáticos por la naturaleza en gozo y agonía, culmina con la traumática restauración de la unidad, la cancelación cataclísmica del principio de razón o principio de individualización. La orgía transporta al destiempo y desespacio ilógicos, desmantela el orden inteligible, exaspera, consterna, desatina, maltrata a la Maga de absoluto —«Maltratada de absoluto durante esa noche, abierta a una porosidad de espacio que late y se expande...»—, vuelve a los participantes esponjas fenoménicas, abre a lo axial. El sacrificio, muerte ritual, responde a la avidez de perpetuarse en esa apertura, de tornar definitiva la transitoria entrada en el edén de la comunicación elemental. El amor transgresor constituye esa ascesis violenta, esa epifanía caótica que obra de regreso al útero. La saturación sexual es vía unitiva, sacramento que transporta bruscamente al reino de la solidaria intercomunicación; en la orgía el amor deviene el nexo intervalente, se transforma en «amor pasaporte, amor pasamontaña, amor llave, amor revólver, amor que le dé los mil ojos de Argos, la ubicuidad, el silencio desde donde la música es posible, la raíz desde donde se podía empezar a tejer una lengua.» (93:483)

Amor se liga con muerte y resurrección del fénix, es diluvio, hundimiento fenomenal, apocalipsis, unión de cielo y tierra remitidos a la masa confusa, a la situación caótica primordial para posibilitar un nuevo engendramiento. Por disolución y reconstitución cíclicas, se sucumbe para renacer en una emergencia virginal con todas las virtualidades intactas: «Sólo el placer en su aletazo último es el mismo; antes y después el mundo se ha hecho pedazos y hay que nombrarlo de nuevo, dedo por dedo, labio por labio, sombra por sombra.» (92:481).

El amor se figura como ritual acuático, es una navegación, una inmersión marina: «meter la cabeza en la cresta de la ola y pasar a través del fragor fabuloso de la sangre.» (92:479). Cambiar a la Maga por Pola es zambullirse en «un nuevo mar, un diferente oleaje». En el juego del cíclope, el acoplo bucal, la unificación de soplos, la mutua absorción de las salivas se imagina como hundimiento en el agua fecundante: «Y si nos mordemos el dolor es dulce, y si nos ahogamos en un breve y terrible absorber simultáneo del aliento, esa instantánea muerte es bella. Y hay una sola saliva y un solo sabor a fruta madura, y yo te siento temblar contra mí como una luna en el agua.» (7:48). La fusión sexual es la entrada en un universo líquido donde las imágenes proliferan a partir de la identificación de agua con mujer, de mar y madre. La mujer, agente molitivo, todo lo ablanda, lo licua; poseerla implica zambullirse, disolverse. La femineidad se imagina albuminóidea, protoplasmática; lo femenino deviene agua germinal, mundo embrionario.

Los pasajes de máximo erotismo están presididos por la licuefacción, atravesados por isotopías acuáticas que correlacionan la mujer con la oscura tibieza del fondo marino. El coito equivale a regreso por inmersión al mundo intrauterino, al inconsciente abismal. Las imágenes acuosas pululan animadas por una dinámica incestuosa en torno de la penetración viviente, simbolizada por el correlato entre vientre femenino y entrañas del mar, por la reabsorción en el océano de los orígenes, fuente de la fertilidad. El reposo del agua maternal es agitado por el fragor de los flujos seminales. El agua mansa, cristalina, lustral, se revuelve y adensa, se vuelve plasma fangoso, se sanguifica, se lactifica, se vuelve barro germinal.

Los olores púbicos, las secreciones del cuerpo de la Maga se asocian con sustancias untuosas: «Olés a jalea real, a miel en un pote de tabaco, a algas aunque sea tópico decirlo. Hay tantas algas, la

Maga olía a algas frescas, arrancadas al último vaivén del mar. A la ola misma.» (144:612) El erotismo bucal todo lo humecta, provoca un intercambio de los jugos esenciales; la lamida, la auscultación lamerona, la penetración vaginales restablecen la circulación de los líquidos primordiales, ponen de nuevo en movimiento «la rueda de los orígenes». El ingreso a la «caverna viscosa», gruta cósmica, matriz universal, provoca la máxima comunicación y conciliación de todos los órdenes naturales. Lo genital y lo excrementicio se cosmifican; excreciones orgánicas se homologan con constelaciones astrales, devienen figuras iniciales y finales de una configuración unánime. El cuerpo, distancia entre boca y ano, cosmos interno, corresponde al espacio entre cielo y tierra, cosmos externo. El cuerpo es mapa cósmico. Recorrer el cuerpo-mandala se transforma en travesía en pos del origen, del cuerpo no inscripto por la historia tergiversadora, por el sometimiento a la máquina social. Por el excremento, por los conductos excretorios se puede llegar al centro del fulgor edénico, caer por los «abismos donde ruedan dados de esmeralda, cínifes y fénices y cráteres...» (144:613) [6]

El microcosmos visceral con sus inyecciones, deyecciones, deglusiones, irrigaciones, con sus flujos y reflujos, con su efervescencia, su agitación, su bullicio se identifica con fondo marino, con plasma germinativo, con lo vermicular, con la pululación embrionaria de la noche oceánica, la que precede al nacimiento cósmico:

> (...) Un cosmos líquido, fluido, en gestación nocturna, plasmas subiendo y bajando, la máquina opaca y lenta moviéndose a desgana, y de pronto un chirrido, una carrera vertiginosa casi contra la piel, una fuga y un gorgoteo de contención o de filtro, el vientre de Pola un cielo negro con estrellas gordas y pausadas, cometas fulgurantes, rodar de inmensos planetas vociferantes, el mar con un placton de susurro, sus murmuradas medusas, Pola microcosmo, Pola resumen de la noche universal en su pequeña noche fermentada... (103:521)

Cortázar pugna por descender a lo corporal entrañable. A medida que aumenta su rechazo del discurso de arriba, de la abstracción generalizadora, a medida que se distancia de las prepotentes logomaquias, de la ética de la sublimación, de la espiritualidad, de la transparencia, su visión y su verbo se encarnan, se carnalizan, se lubrican, se vuelven más pulsionales, más libidinales, se reintegran a la fluidez, a la inestabilidad, a la mutabilidad sustanciales. El discurso desciende a la bullente riqueza cualitativa del mundo material. Liberado de la dictadura de las proposiciones, del modelo sintáctico, de la sumisión gramatical, el lenguaje, devuelto a las cosas, incre-

---

[6] V. Roberto ECHAVARREN-WELKER: *Le monde romanesque de Julio Cortázar,* tesis doctoral, Universidad de París-VIII, 1974.

menta su concreción sensible por el contacto con lo craso y grueso, con lo digestivo, con lo genital, con lo fecal. La linyera Emmanuèle encarna la máxima fecalidad, fecalidad reversible, transformable en oro. Por el trato con la mugre y la fetidez, Oliveira intenta trasponer el límite de tolerancia normal, la frontera entre lo lícito y lo ilícito, lo sólito y lo insólito para que todo se vuelva trastocable. Pone en práctica la última lección de Heráclito, hundido hasta el cogote en la montaña de bosta: bajar a la inmundicia, rebajarse, contrariar los pruritos, contravenir la falsa decencia, «tirarse al suelo como Emmanuèle y desde ahí empezar a mirar desde la montaña de bosta, mirar el mundo a través del ojo del culo, and you'll see patterns pretty as can be, la piedrita tenía que pasar por el ojo del culo, metida a patadas por la punta del zapato, y de la Tierra al Cielo las casillas estarían abiertas, el laberinto se desplegaría como una cuerda de reloj rota haciendo saltar en mil pedazos el tiempo de los empleados, y por los mocos y el semen y el olor de Emmanuèle y la bosta del Oscuro se entraría al camino que llevaba al kibbutz del deseo...» (36:253). Contra el discurso sublime, el discurso fecal. Contra religiones, sistemas y reticulados, Cortázar opone un contacto directo y desollado con la realidad visceral, contacto grosero, al margen de toda gracia, sin mediaciones mitopoyéticas. Escribir es arrancar la piel al lenguaje, deseducar los sentidos, abrirse a lo nauseabundo, «estar en la mierda hasta el cogote». Escribir es desnudarse de indumento literario, desvestirse de investidura, escribir es desescribirse. Escribir: meter la mano en las vísceras, penetrar hacia la entraña deseada y deseante, descender para habitar el cuerpo, reconciliar la palabra con el funcionamiento y la productividad orgánicos.

Oliveira reclama un amor radical que dé «la raíz desde donde se podría empezar a tejer una lengua». El amor actúa de activante tanto en el nivel de la historia como en el del discurso, transforma no sólo la representación sino también el soporte. Imaginación erótica e imaginación verbal se mancomunan en un impulso narrativo donde el vehículo es tan pujante como la visión o donde la visión es sobre todo una intervención lingüística: lengua afrodisíaca. El arrebato erótico produce una expansión arrolladora de la palabra, el frenesí erótico provoca una saturación metafórica que desborda toda retención realista. La vorágine verbal trastoca las distribuciones normales y la selección es desterrada por una alucinada combinación. El clímax lírico se concreta mediante una imperiosa, una omnímoda metaforización cada vez más radical. En el capítulo 64 el amor se apodera de los dibujos de tiza sobre las veredas parisinas y los expande imaginariamente hasta adueñarse de la ciudad:

(...) La rue Dauphine de tiza gris, la escalera aplicadamente de tizas pardas, la habitación con sus líneas de fuga astutamente tendidas con

35

tiza verde claro, las cortinas de tiza blanca, la cama con su poncho donde todas las tizas ¡viva México!, el amor, sus tizas hambrientas de un fijador que las clavara en el presente, amor de tiza perfumada, boca de tiza naranja, tristeza y hartura de tizas sin color girando en un polvo imperceptible, posándose en las caras dormidas, en la tiza agobiada de los cuerpos. (64:421).

En la saturación erótico-metafórica las palabras se acoplan según un juego autónomo de atracciones y rechazos. Cortázar abre las esclusas al derrame, a la sobreabundancia conjuntiva donde el eros relacionable y traslaticio entabla sus móviles, sus vastas y diversas constelaciones. Cuando el léxico disponible resulta escaso para su voracidad invasora, lo suple por el glíglico, por una lengua emoliente, albuminóidea, por un magma verbal donde las palabras se ablandan, se disuelven, adquieren una plasticidad y una fluidez propias del estado embrionario. Ningún lenguaje más apto para la expresión erótica que este légamo, este protoverbo turgente, esta jalea lúbrica:

(…) Apenas se entreplumaban, algo como un ulucordio los encrestoriaba, los extrajuxtaba y paramovía, de pronto era el clinón, la esterfurosa convulcante de las mátricas, la jadehollante embocapluvia del orgumio, los esproemios del merpasmo en una sobrehumítica egopausa. ¡Evohé! ¡Evohé! Volposados en la cresta del murelio, se sentían balparamar, perlinos y márulos. (68:428).

Oliveira quiere evitar la sacralización enajenadora, que los juegos asciendan a sacrificio. Contra la exaltación dionisíaca, contra la proyección cosmogénica del frenesí sexual, contra la transfiguración eufórica, eufónica, contra la amplificación liricoerótica, contra la férvida, avasalladora expansión del deseo, contra el clímax orgásmico, Cortázar contrapone la contrapartida burlesca del tufo y la roña de Emmanuèle, la profanación de la Gran Madre pisoteada, revolcada, mancillada por la orina y el esperma de la soldadesca borracha (36: 246) o la visión espeluznante de «locos furiosos en camisón, persiguiéndose con navajas y enarbolando taburetes y patas de cama, vomitando sobre las hojas de temperatura y masturbándose ritualmente.» (47:333). Contra la sacralidad exultante, el sacrilegio insultante; contra el entusiasmo erótico, el anticlímax lúdico-humorístico.

El humor y el juego constituyen técnicas de sustracción, de enfriamiento, de distanciamiento, de distensión, intervienen frente al torbellino sentimental, a la inflación frenética como antídoto desacralizador, despatetizador, desfatalizador. Devuelven la palabra a la superficie, destituyen el discurso apolíneo de arriba y reflotan el báquico de la profundidad visceral. Contra la posesiva implantación de la pasión, del delirio erótico, del extravío onírico, el juego y el humor, insumisos, irreverentes, producen un corte lúcido, un desdoblamiento irónico, un apartamiento liberador.

Juego, humor, ironía se vuelven posibles cuando la urgencia vital afloja; disminuyen la presión, relajan la compulsión para restaurar el libre arbitrio. Comportan una práctica consciente de desprendimiento, que Horacio/Cortázar ejerce para preservar su voluntaria descolocación de *outsider*. Con sus rupturas, irrupciones y disrupciones sorpresivas, con el revoltijo de jerarquías que vuelve trascendente lo nimio e intrascendente lo supremo, con el humor negro que suspende la norma moral y el imperativo afectivo, con sus ejercicios de profanación, con sus reducciones al absurdo, sus remisiones al ridículo, su recurso a lo estrafalario, sus asociaciones disparatadas, su avecinamiento de lo mayestático con lo popular y lo cursi, su movilidad paródica, sus retruécanos, sus irreverencias verbales, sus juegos de palabras, su interlingüismo burlesco, las autopatadas de insultos poliglotos, su humor ortográfico, sus homofonías burlescas, sus lunfardismos entrometidos en pasajes de disquisición metafísica o en los diálogos nodales, decisivos, Oliveira salta a un alter ego soberano. Su humor e ironía imponen un margen de ausencia, comportan desapego, ocio, inteligente despegue de los reclamos conminatorios, desprenderse de sí mismo incluso al precio del sacrilegio, de la impiedad.

Humorizar, ironizar quiere decir mediatizar, oponerse a toda hegemonía despótica, mantener a raya ese colmo masivo, ese absoluto momentáneo que es el instinto, apartarse del tembladeral, salir del pozo ciego. El humor es la libertad negativa, el poder de revertir la irreversibilidad trágica, el poder de menoscabar lo magno, de retenerse ante el desborde impulsivo, de combatir el imperialismo sentimental, de refrenar toda excitación cancerosa. El humor es el arte de la superficie, de la tangencia, de la ductilidad. Vacuna contra la opresión del pathos intransigente, el humor restablece la indeterminación, la incertidumbre, el sentido nómada, rompe la imantación, la polarización del éxtasis, rompe el arrobamiento, la reverencia, el delirio, la vectorialidad compulsiva de la pasión.

LOS TANTEOS MANTICOS DE JULIO CORTAZAR

¿Qué es el *Libro de Manuel* con su título tautológico (como el *Libro de lectura* de Heisenbütel), un libro que se llama a sí mismo libro indicando su condición material y su función? ¿Es un vademecum revolucionario, un texto testimonial, una travesura trascendente, una historia historificada, una fábula aleccionadora, una conjetura fabulosa, una metáfora de la realidad, una parábola pedagógica, un artilugio conmovedor, una paráfrasis humorística, un retablo oniro-lúdico-político, un erotema de erotómano, un fortrán de la poesía, una osmosimbiosis de Lenin y Ribaud?

El *Libro de Manuel* es todo junto: un pulular pulsátil, purulento de una heterogénea multiplicidad de componentes incluidos en un continente novelesco, en una fluencia narrativa para que se activen mutuamente, para que se irradien sentido, se confronten, afronten, pirueteen, fundan, choquen, amalgamen. La visión es multifocal, excéntrica, agitada, vivaz, simultánea para evitar, incluso en lo político, el dictatum sentencioso, la palabra autoritaria, el discurso único, la univocidad o todo exceso de determinación (inmovilidad) semántica. El mismo impulso removedor se imprime a la escritura que despliega aquí su más vasto instrumental. A la visión collage (la de *Rayuela*) corresponde un montaje cinemático, una técnica de mosaico capaz de ensamblar la dispar acumulación de fragmentos en una progresiva tesitura novelada que encabalga fábula, canto, crucigrama, criptograma y documento. Todo es cambiante, todo es maleable, todo es fluyente (y quiere ser influyente), un discurso polifónico, politonal, polisémico, capaz de incorporar cualquier material.

¿Pero qué es el *Libro de Manuel,* funciona o no funciona? Por ahí se atasca, se embrolla, se aplana, se demora, a veces abruma con sobrecarga predicante, pero en seguida esos dos encendedores que son lo lúdico-humorístico y lo lírico-erótico vienen a producir la irrupción disonante, a suscitar el *staccato,* a inyectar el incitador del absurdo, a decabalabrar la horizontalidad con un trastocamiento irreverente o con raptos amplificadores, escapadas a lo desmesurado, a lo cómico y a lo cósmico.

Por primera vez en su obra narrativa, Cortázar ha buscado la convergencia de compromiso político y escritura libérrima, de militancia y literatura pura:

> El *Libro de Manuel* intenta resolver en mi propio terreno literario —y por extensión e inclusión en el del lector latinoamericano— el problema más difícil que pueda darse en estos tiempos a un escritor responsable: me refiero a la presencia, como contenido parcial o total, de nuestra desgarrada historia en una textura *literaria*. Dicho de otra manera, la posible convergencia de una invención de ficciones con una militancia ideológica... No sólo no he renunciado a ninguna de mis fatalidades de inventor de ficciones (creo que incluso este libro tiene muchas recurrencias 'rayuelescas') sino que he llevado ciertas situaciones a un grado de tensión y de absurdo que escandalizará a la gente seria. En ese clima, dentro de una frecuentísima violación de la verosimilitud, se ha ido dando un libro que contiene mi protesta y mi fe de latinoamericano, mis esperanzas y mis reservas críticas frente a nuestra 'hora de los hornos'. [1]

El *Libro de Manuel* propone de antemano la lectura a dos niveles: una lectura hedónica, informativa, mítica y otra gnómica, formativa, histórica. Lo anecdótico, lo lúdico y lo erótico se mancomunan con lo ideológico, lo ético y lo político explicitados, manifestados en un discurso directo. El entretenimiento alterna con la documentación, la fantasía con el alegato, la quimera con el aleccionamiento.

Cortázar no quiere plegarse a las restricciones de la literatura realista, no se resigna a adoptar la poética militante-testimonial que postula una escritura neutra, un discurso prioritariamente denotativo, verista, fáctico, referencial, destinado a comunicar hechos verificables, extratextuales, con el mínimo de estilo, de expresividad, de perturbaciones subjetivas o formales. Cortázar se niega a aceptar la poética de denuncia con su explicitud y aplanamiento. Su manera de aproximarse a una estética combativa que corresponda a las urgencias de la historia inmediata, es compleja; entra en ella sin renunciar ni a sus fabulaciones y fantasmagorías, ni a su visión multívoca ni a su cúmulo cultural ni a sus búsquedas formales (su especificidad literaria). Quiere pasar del yo al nosotros sin renegar un ápice de su visión «pluriespectromutándica».

Trata de entramar en una textura inseparable (que haya intersección y no mera contigüidad) la ficción fabulosa (libertad imaginativa, desvinculación de lo real admitido, contravención de los límites de la facticidad) con la realidad histórica (actualidad candente,

---

[1] Respuesta a un cuestionario que aparecerá en la revista *Textual*.

verosimilitud fáctica, respeto de los límites empíricos). La empresa es riesgosa y por momentos lo desborda; debe conectar dos estéticas opósitas, dos verosimilitudes antipódicas: una interna, autosuficiente, liberadora de las restricciones de lo material concreto; otra externa, dependiente de un consenso social, de lo convenido como posibilidad real. Por mandato impostergable, por presión histórica, por convicción ideológica, Cortázar se lanza a conglomerar lo fantástico (anécdota no verificable) con lo testimonial (anécdota confirmadora).

En el *Libro de Manuel* hay una realidad latinoamericana consistente, masiva, imperativa: subdesarrollo, colonialismo, gorilato, represión capitalista, movimientos de liberación, guerrilla, transcripta textualmente mediante la inclusión de recortes periodísticos (realidad literal). Pero a medida que se interioriza, que se personaliza, que se instala en las circunvoluciones cerebrales, que se abisma en la masa encefálica la realidad se enrarece, se abigarra, se intrinca, se enmaraña. Cortázar la registra desde los adentros y los afueras sin delimitarlos, sin señalamientos que indiquen el cambio de mira. La fuga de un grupo de muchachas internadas en un asilo para menores se entremezcla hasta un punto de fusión con las simbolizaciones obsesivas, con las pulsiones y pasiones de Oscar. El acaecer verídico, comunicado por un diario porteño, es sumergido por Cortázar en el flujo de la conciencia de su personaje, distinto y distante, pero interiormente mancomunado, traslaticiamente hermanado por un mismo anhelo de liberación.

Está la macrorrealidad, la colectiva, la impositiva (como los testimonios de tortura de alta tecnología —propia de un capitalismo industrial— en Vietnam, en Brasil, en Argentina) y la microrealidad subjetiva (represiones internas, alienaciones latinoamericanas, conflictos, conciencias escindidas, fantasmas, incertidumbres, sombras, desmesuras, locuras), una y otra inextricablemente entretejidas. Para producir su trabazón Cortázar ha reprimido los lanzamientos a lo fantástico, ha reducido su poder de extrañamiento porque el *Libro de Manuel* es para él un instrumento de intervención en «la violenta circunstancia cotidiana». Es un libro que no busca vigencia intemporal, la perfección literaria que pueda preservarlo de la caducidad, se niega a albergarse en la eternidad ahistórica del humanismo idealista. Engendrado febrilmente, fue concebido como exploración fervorosa, en caliente, como forma que emerge de una agitación caótica donde pujan, entrechocándose, aglomeradamente, imágenes confusas. La impronta es rapsódica y el punto de partida, un sueño premonitorio; paradójicamente se afirma que es real (¿un sueño que en efecto ha sido soñado o un sueño que simboliza la realidad?); o sea, que el texto es promovido, producido a partir de una realidad onírica o realidad traspuesta que lo apartará del realismo literal (= lineal), de la neutralidad achatadora.

Varios son los motores de este apartamiento: *lo metanarrativo,* la intromisión pertinaz del propio narrador (el que te dije, complementado por su alter ego Andrés Fava) que se inserta a lo largo de todo el relato para dar cuenta de sus opciones estéticas, de sus dificultades técnicas, que lleva dentro de la novela misma una especie de diario de su producción textual; *el humor lúdico* que a cada rato provoca rupturas del continuo narrativo (eventual, lógico, rítmico, lingüístico, tonal); *el erotismo lírico* que incorpora a la novela todas las amplificaciones, las mutaciones metafóricas, la libertad de asociación de la escritura poética; *la diversidad formal* (gráfica, idiomática, estilística) que posibilita a la visión plurifocal una adecuada representación de lo veloz, heterogéneo y simultáneo. Pero estos perturbadores que aíslo actúan en complicidad, conjuran juntos.

El *Libro de Manuel* se vuelve a menudo autorreflexivo, narra el proceso de narrar, rompe la ficción, la ilusión novelesca mostrando la maquinaria, los mecanismos escénicos, el taller, en pleno trabajo de fabricación. Cortázar hace, en medio de la elaboración, su autocrítica y autoexégesis; discurre sobre problemas del tratamiento temporal, sobre el juego del azar y de la necesidad, sobre sus opciones idiomáticas (pasaje de una vida definida por el habla a un habla definido por la vida), consigna sus modos de acopio y disposición de los materiales, reflexiona sobre la relación entre la impronta espontánea y el esfuerzo formalizador, entre naturalización y literaturización, expone su lucha por la máxima ampliación de lo decible, su esfuerzo por escribir un todo sin prejuicios valorativos, sin censuras, por evitar el didactismo, por conseguir una legibilidad con la merma mínima de complejidad, sin perder espesor y espesura.

El que te dije tiene un estatuto ambiguo, entra y sale del relato, es a la vez criador y criatura, demiurgo, espectador y actuante. Irrumpe cortando la secuencia narrativa para mostrar su modo de producción aleatoria, de poner en juego un paquete de personajes que se van entramando en el avance de la obra e independizando cada vez más del novelista hasta terminar por indicarle el desarrollo de la acción. El factotum, incorporado al mundo de su ficción, se convierte en cronista-partícipe, pasa de organizador, diagramador a «intercesor o medium», a transcriptor-actor. Esta ruptura de la ficción ilusionista implica también un quebranto de la omniciencia, omnipresencia y omnipotencia; el que te dije no sólo confiesa sus limitaciones, también se entromete cuando no debe en el acontecer y sus personajes lo reprenden por torpe o por inoportuno.

La gestación del texto no es programática, no responde a un diseño arquitectónico concertado de antemano, es lúdica porque el ludismo es en Cortázar basamental. Hasta la Joda (como lo indica su nombre) se fundamenta en una actitud lúdica; en ella confluyen la acción política directa— el riesgoso rapto del Vip que acarrea la muerte de Marcos— con un constante ejercicio del humor, con un temperamento alerta y juguetón, una vivacidad, una porosidad, una plasticidad que la preservan del endurecimiento ideológico, del rigor mortis, de la escolástica, de la mojigatería, de la burocratización, de la visión cuadriculada: que a cada rato la sacan de las casillas, de los hexágonos de la colmena, «de los ritmos castradores del pan nuestro de cada día». La Joda salvaguarda a sus participantes de los tabúes del mundo tabulado, mantiene en ellos íntegra su capacidad imaginativa, erótica y hedónica. Para Cortázar, los lúdicos humoristas de esa «explosión purificadora» que es la Joda anticipan al hombre nuevo, aquél que surgirá de la revolución integral, remoción geográfica y geológica, mutación por fuera y por dentro.

Las intervenciones contestatarias, las «microagitaciones» de la Joda contravienen, creando situaciones insólitas, ese convenio llamado normalidad (= moralidad), provocan rupturas sorpresivas de lo consuetudinario, provocan inesperadas violaciones de la conveniencia consentida, de la previsibilidad habitual. Liquidar la línea recta, desembarazarse de la geometría euclidiana, de la codificación convencional: el enemigo máximo para estos joviales heterodoxos es, como en toda la obra de Cortázar, la Gran Costumbre, el consenso social rutinario, depri-oprimente. Para descalabrar lo sólito, practican el humor sorpresivo; el desajuste que produce lo imprevisto puede posibilitar una apertura clarificadora, el desbarajuste puede predisponer para otro ordenamiento más humano. En su contestación (que gradualmente cobrará envergadura política), la Joda colinda con la ideología del *happening,* con el arte de situación, aleatoria; su ludismo implica también una postura estética (vanguardia artística y vanguardia política deben ser para Cortázar una sola). El ejemplo más rico y más cabal de humor subversivo, anticonformista lo encarna el rabinito Lonstein; en él, la inventiva lúdico-humorista conforma su existencia por entero.

Lonstein es el jugador del lenguaje; lo somete a una constante manipulación (lúdico-fonética, humorístico-semántica), lo trasmuta, lo anglifica, lo galica, lo neologiza, lo abrevia, lo descompone y recompone en una ejercitación que lo desautomatiza. La gratuidad es aparente; su jerga neofónica constituye un autorretrato profundo; más que decir extravagante, es un modo de ser, de vivir, «de articular el trotamundo del crefundeo y protuplasmar una nueva estrucultura». Sus versiones exigen un desciframiento porque están vertidas en fortrán, en formulaciones traspuestas, en acoplamientos metafóricos, en metástasis y variaciones paronomásicas que adensan el significado sobrecargándolo de plurivalencia. Para superar la normalidad (normativa estatuida), las celdas lógicas, la restrictiva objetividad científica, Lonstein apunta a un lenguaje simbólico, «una fortrán de la poesía o de la erótica» capaz de fomentar, mediante imágenes inéditas, el deseo y la esperanza, capaz de abolir la concepción maniquea y autocrática de la revolución, su binarismo aplanador. Propone una locura inteligente y entradora que desmantela el discurso y la estrategia de las hormigas, de los agentes de la reacción. Lonstein es un «pescador de esponjas poéticas», «un programador de oriloprones» (organización ilógica de cualquier programa).

Hay un complemento entre los neofonemas, entre los intercambios, altibajos, acoplamientos y trastocamientos verbales de Lonstein, entre su condición de masturbador convicto y confeso, entre su meticuloso cultivo del hongo fosforescente, entre su excentricidad y su participación activa en la Joda. Su práctica política está precedida y avalada por una «subjoda subterránea», por un esclarecimiento interior. Antes de combatir a los ogros externos, ha desenmascarado a sus ogros subjetivos con la desnudez de la palabra; previo buceo de sus trasfondos personales, los ha exorcisado imponiéndoles el contacto con la luz (= lucidez).

En Cortázar, el humorismo es una disposición fundamental, su napa nutricia; es como el medio líquido en que bañan sus engendramientos, un ingrediente constitutivo de su visión del mundo. Y en el *Libro de Manuel* no puede renunciar a este movilizador de sus fabulaciones, aunque trate un tema tan serio, tan crucial como la guerrilla urbana. No puede renunciar a sus modos de representación, a su multiplicidad de perspectivas, a su escritura metamórfica, a las provocaciones que el texto le suscita, aunque esta novela sea la respuesta de una conciencia culpabilizada frente a nuestra desastrosa realidad, aunque provenga «de un cotidiano sentimiento de horror, de vergüenza, de humillación personal como latinoamericano frente al panorama del colonialismo y el gorilismo entronizados en tantos de nuestros países». Parece casi profanación mezclar las prácticas paramilitares de nuestros disciplinados guerrilleros con pingüinos turquesa y peludos reales, con ese campamento de gitanos que la Joda instala en Verrières. Cortázar se yergue contra el profesionalismo revolucionario, contra el monopolio de los duros, contra los fascistas del buen lado, contra los puritanos de la izquierda; no quiere ser cercenado, que le amputen su humor, que lo priven de su comercio con la paradoja y el absurdo:

> ... los bien plantados me dirán una vez más que esta patafísica no corre a la hora de los hornos, y yo los dejo decir porque si alguna cosa sé es que nunca encenderemos los verdaderos hornos sin echarle al fuego el deslumbrante kerosene de la paradoja y del absurdo. [2]

[2] Julio CORTÁZAR: *Corrección de pruebas*, en *Convergencias / divergencias / incidencias* (edición a cargo de Julio Ortega), Tusquets Editor, Barcelona, 1973, p. 33.

Cortázar se empeña en conciliar el principio de realidad con el principio de placer; no tolera la hegemonía del uno sobre el otro. Su figuración del mundo, incluso la de la guerra revolucionaria, se inspira en un pensamiento utópico, en una imaginación supraempírica que, no recluida en la realpolitik, en el rigor pragmático, se proyecta más allá de la experiencia práctica; para superar la precariedad de lo real, fabula la realidad futura. El *Libro de Manuel* opera a la vez como denotador y como detonador, como testimonio y como metáfora, como mensaje referencial y como traslado poético que conserva un alto margen de autonomía; responde a exigencias documentales externas sin renunciar a las específicamente estéticas. Cortázar quisiera interiorizar sus opciones políticas hasta volverlas fisiológicas. La conjunción de mandamientos todavía opósitos —los políticos y los estéticos— es una empresa ardua y progresiva; el *Libro de Manuel* no es un logro definitivo (si los hay) sino otro nuevo soporte de ese puente que tantos estamos construyendo.

La subversión revolucionaria se yergue contra el orden punitivo y censorio. No se contenta con cambiar el sistema económico y social, debe desflorar el idioma, abolir las represiones, acabar con la conciencia pecaminosa y policíaca. Si preconiza recuperar la integridad humana, no puede dejar de lado la plenitud corporal. La revolución será también erótica, una superación de los dualismos y antagonismos sexuales, una reconquista de la libertad amorosa, una reunificación andrógina de los cuerpos con el universo. Desde *Rayuela,* Cortázar avanza en su empeño por naturalizar verbalmente el erotismo, por imponer en el solemne sagrario de la letra impresa un vocabulario sexual ni científico ni eufemístico; quiere destrabar la lengua castellana de su puritana tiesura, de su represiva parquedad, de su anacrónica pobreza en cuanto a registro erótico.

El coito constituye en el *Libro de Manuel* el gran ritual iniciático, con sus ceremonias de excitación, con la mutabilidad de los órganos que intercambian su signo. Borra las individualidades laboriosamente construidas en el mundo de controlada vigilia, invalida las diferencias y sumerge a los amantes, devueltos a la continuidad natural, en una misma pasta primigenia, la de la noche de los cuerpos. En los pasajes eróticos, Cortázar moviliza todas las potencias de su verbo avasallador, desborda todos los decibles, provoca un rapto mítico-metafórico, infunde a la palabra un ritmo envolvente, arrebatador, le devuelve la potestad de sus poderes genésicos.

Cortázar no quiere, aunque opere narrativamente en un plano político, reducir su visión a un realismo servil y restrictivo. Desde *Rayuela,* sus representaciones son un pulular de secuencias fragmentarias que se intercalan y se interpenetran. El principio estructurador del texto es la mixtura, mixtura de materiales, mixtura de recursos gráficos, mixtura de niveles lingüísticos, mixtura de acciones, mixtura de tiempos y de espacios, mixtura de enfoques. La mixtura, cuyo soporte material es un montaje cinemático, posibilita efectos de velocidad y simultaneidad, vehiculiza la visión caleidoscópica, evita el monopolio tonal, toda solemnidad, todo discurso dominante o pretencioso, todo exceso de univocidad; crea una fluencia sin forma obstinada, no reducible a un denominador común, y con una enorme capacidad de absorción: recortes con sus variantes tipográficas, diagramas, organigramas, cartas, télex caligramático, siglas, pasajes versificados, diversa diagramación, cambios ortográficos, modificaciones o carencia de señalamiento gráfico, paralelismos, superposiciones, intersecciones, la máxima suma de movilidad textual.

Como en *Rayuela* y parcialmente en *62 Modelo para armar,* el sustrato básico del lenguaje es el coloquial ríoplatense. Cortázar lo reelabora, lo intelectualiza, atenúa su regionalismo, lo vuelve polígloto y empuja a fondo por el lado picaresco, humorista, gráfico, expresivo. Irreverente con respecto a toda normativa purista y académica, lo deshinibe, incrementa su vivacidad. El lunfardo es su catapulta, el abridor de posibilidades lingüísticas, el «omnibus» que lo saca de la neutralidad de cronista, de transmisor impersonal, de una objetividad empobrecedora, distanciadora; le quita la máscara del estilo noble, lo vacuna contra el exceso de maquillaje o de cocina. Este lunfardo recreado no es un rasgo naturalista, es una idiosincrasia. Si bien contribuye a la caracterización psicológica, a dotar de verosimilitud lingüística a sus personajes, argentinos exiliados en París, Cortázar no remeda miméticamente la lengua popular; su tratamiento es hiperbólico (exagerar es comenzar a inventar). El lunfardo es su reactor; provee esa energía lingüística que Cortázar reconduce y potencia para provocar sus expansivas explosiones.

DE PAMEOS POR MEOPAS A POEMAS

Julio Cortázar, conocido como excelente narrador que postula y practica la disolución de los géneros, que ha provocado en sus relatos toda clase de mixturas, la interacción de todos los discursos posibles, desde la exposición teorética al estilo telegráfico, desde la épica al glíglico, desde los estereotipos periodísticos a la alucinación metafórica, nos libra ahora la mayor parte de su producción formalmente poética, un largo discurrir por la andadura del verso que se remonta a 1944 [1]. Como Borges, el maestro (me resulta ineludible esta comparación que no desautorizará Cortázar), comenzó escribiendo versos y quizá concibiera inicialmente un destino de poeta. Como Borges, Cortázar sigue alternando, entre relatos, sus poemas; con ellos entabla la relación más íntima, la del confidente ante quien se sincera, pero alusivamente, o les encomienda testimoniar sus visiones momentáneas, sus más entrañables fantasmagorías, su pasmo ante una belleza que sabe transitoria, sus vislumbres de una eternidad negativa, mallarmeana, donde la plenitud es por fin vacío. Homenaje, efusión, irrisión, denuncia, importa aquí más el referente, el mensaje, el estado promotor, la representación que el medio verbal, el vehículo expresivo, el instrumental; adheridos a un yo protagónico que los emite sin desgajarlos del todo del emisor, estos poemas afincan su expresividad menos en los significantes y más en los significados; están, como lo previene su autor, menos objetivados que los relatos: «... nunca creí demasiado en la necesidad de publicarlos; excesivamente personales, herbario para los días de lluvia, se me fueron quedando en los bolsillos del tiempo sin que por eso los olvidara o los creyera menos míos que las novelas o los cuentos.» (p. 8.)

Son mensajeros de amor y de cólera, en contraste claroscuro. Amor a la mujer ausente o poseída con esa casuística desesperada, sujeta a altibajos que van desde la ternura de los diminutivos hasta

---

[1] *Pameos y meopas,* Ocnos, Barcelona, 1971.

la violencia expresionista, con esas transferencias románticas entre sentimiento personal y mundo; amor también a monumentos y a libros (Garcilaso, Mallarmé, Nôtre-Dame, Venecia, Masaccio, Bourges) que son para Cortázar concreciones, encarnaduras con tanta presencia como la humana. La cólera se aplica a los dioses malgastados, malhadados, malhechores de un mundo absurdo, culpables del pavoroso sin sentido, de la nonada anuladora. Cólera y amor crítico se funden cuando Cortázar evoca nuestra Argentina, «esa lenta manera de vida, ese aceite de oficinas / y universidades / esa pasión de domingo a la tarde en las tribunas... un silencio insoportable de tangos y discursos» (p. 35-36), la desolada tristeza, la oprimente rutina de la ciudad inmóvil al pie de un río turbio, la querida monotonía de «las esquinas con almacenes dormilones», la intensidad pampeana. Pero también, por suerte, está en el libro el lúdico, el cronopio, el excéntrico, el realista ingenuo, Alicia, el humorista, el hombre-niño que se solaza en el microuniverso del bolsillo, con sus pelusas y monedas, el que quiebra el protocolo, la solemnidad sacerdotal, «la nobleza, las grandes palabras», el ritual mayestático, la dignidad y el distanciamiento jerárquico de la poesía pura, de *Preludios y sonetos*. Así pasamos de lo monumental al mundo más pedestre, de los metros reglados a una elocución más prosaica y casi arrítmica. Cuando Cortázar desobedece y rompe la sumisión de lo decible poético tradicional, aparecen, como en sus mejores relatos, inesperadas intromisiones, irreverentes acoplamientos, cortacircuitos, altas tensiones.

Esta antología propone tres lecturas posibles. Sus textos pueden leerse como pameos, es decir, como descargas personales, como símbolos autobiográficos, como instantes de ensimismamiento. Se los puede leer como meopas, o sea, en su relación intertextual, buscándoles las conexiones y diferencias con los cuentos y novelas de Cortázar. Se los puede leer como poemas, como escritos autónomos, desvinculándolos de la dependencia personal o literaria. Mi familiaridad con el hacedor y sus hechuras me impide limitarme a cualquiera de aquéllas.

NUEVA REFUTACION DEL COSMOS

Droctulf, el guerrero bárbaro, se convierte a la causa de Ravena al contemplar la ciudad *imago mundi,* la urbe orbe, esa fábrica armónica y razonada, erigida a imagen y semejanza del Empíreo. Droctulf desecha su mundo de inextricables selvas, sus ídolos feroces que encarnan la turbamulta de instintivos apetitos, el caótico combate regido por crueles e insondables potencias; es iluminado por la seducción del orden, de ese organismo que la simetría gobierna, por esa mecánica de la concordancia que parece invalidar su primitivismo, su pasado cenagoso, su ligazón irracional con lo salvaje.

La ciudad concierta la semejanza y la diferencia, responde a un principio de conexión racional que presupone un designio consonante por encima de las voluntades individuales; lo engloba todo y todo lo compone según ese diseño que predice la presencia de una inteligencia suprema. La norma urbana parece prefigurar el concierto cósmico.

Droctulf es la antítesis compensadora de la cautiva inglesa que trece siglos después, trece siglos de civilización letrada, de acumulada sabiduría libresca, elige convivir con el indio, aposentarse en la inmensidad de la pampa; opta por la barbarie, por borrar lo escrito, por la tabla rasa. Vuelve al caos, a la crasa realidad de lo corporal, de lo terrestre no desvirtuado por una codificación ilusoria, no interferido por las leyes de la *civitas,* impropias, impotentes para desentrañar el inescrutable sentido del universo.

Defecto y exceso se contrapesan, arrebatan, producen un frenesí equiparable. En la *Historia del guerrero y de la cautiva,* la entrada en y la salida de la racionalidad occidental constituyen enajenamientos que la perturban fundamentalmente, sendos escándalos de la razón, el anverso y el reverso de una misma moneda, complementarios que se acoplan para inscribir, por encima de la lejanía temporal y espacial, por encima de nuestras dimensiones, de nuestros imperativos lógicos, una sola historia que nos es en definitiva ininteligible.

Droctulf es el incivilizado, hombre feral y rústico, que se deslumbra ante esa planificada materialización del logos totalitario: la metrópoli, la ciudad madre, el centro del imperio, visión geométrica de un espacio sistematizado. La infinita y simultánea heterogeneidad de lo real aparece reducida, por lo menos en ese ingenioso recinto, a norma escrita en piedra, o sea, a decálogo perdurable. El asombro bárbaro ante la diestra arquitectura se sitúa en la antípoda de la desilusión de los inmortales frente a la falacia de toda fabricación humana. La Ciudad de los Inmortales, antes rica en bellas construcciones equilibradamente repartidas: arcos, foros, palacios, templos, anfiteatros, esplendores de granito y mármol, la otrora resplandeciente ciudad, espejo del cosmos, como lo fueron las epopeyas de Homero, ha sido asolada y derribada por sus mismos moradores. Con sus ruinas edificaron ese laberinto y el palacio al que se accede, más intrincado aún que la selva de Droctulf. Parece anterior a los hombres; interminablemente atroz e insensato, es templo de los dioses irracionales que comandan el mundo, de los impenetrables de quienes nada sabemos salvo que son distintos del hombre. El palacio precede, el palacio es la desatinada ciudad donde impera el caos, la desatinada ciudad simboliza el universo.

El bárbaro se pasma ante un cosmos en escala humana; el sabio —El inmortal— lo desecha porque es vana apariencia, mero simulacro de conocimiento; destruye esa ilusión, construye un irrecuperable, un ilegible absurdo y retorna al comienzo, a la condición bestial del troglodita, a la vida latente, al estado contemplativo donde imaginar y sentir son los consuelos que quedan ante la imposibilidad de comprender.

Droctulf pasa de la ceguera a una iluminación aparente, encendida por la supuesta potestad de la ciudad terrestre. El tribuno Marco Flaminio Rufo, creyendo en su ingenuidad de hombre mortal que la Ciudad celeste será el canon perfecto del cual Roma, ombligo del mundo, es la mejor réplica, atraviesa el ámbito ambiguo, la desconcertante región de tenebrosos laberintos entramados, desemboca en la arquitectura sin proporción ni propósito, para asumir por fin la evidencia del puro dislate, de la arbitrariedad sin destino, sin sentido, sin término. Por un territorio intermedio, pasa de la abstracción del cosmos asentado sobre la superficie de la realidad a la basamental profundidad del caos.

Marco Flaminio Rufo rehace la peripecia del inmortal Homero, quien después de haber idealizado, es decir, estilizado, la conquista de Troya, dotándola de talla épica, cantó la guerra entre ranas y ratones, como un dios que bajase del cosmos al caos, como un clarividente que rebajándose retornase a la confusión del comienzo.

El laberinto humano es una transición: laberintos espaciales como la casa de Asterion o la de Abenjacán el Bojarí, como el broncíneo del rey de Babilonia o el de la biblioteca de Babel, laberintos de escaleras, galerías, pabellones, laberintos espejados, laberinto cuadrangular del Tetragrámaton o laberinto lineal que Scharlach propone a Lënnrot en *La muerte y la brújula,* laberintos temporales, textuales, discursivos, inscriptos criptográficamente en la urdimbre de una historia, laberintos eventuales, fácticos, laberintos progresivos como el del libro de Ts'ui Pên o retrospectivos como el de la novela regresiva, ramificada de Herbert Quain, o circulares como el drama en verso *Los enemigos* de Jaromir Hladík, laberintos cosmológicos como Tlön. Todos son artificios concebidos por hombres para desorientar a otros hombres, destinados a que los hombres los descifren. Combinan lo caótico con lo regular, implican una proporción de caos que no anula la simetría. Perturban pero no rompen la forma inteligible, es decir, la concatenación racional, la causalidad convenida, la verosimilitud acordada. Representan una arquitectura conciliable con las estructuras de la mente humana, una confusión recuperable por el orden estatuido; son todavía logomaquias, antropomorfismos logocéntricos. Provocan un desconcierto que proviene del alto grado de novedad, de incertidumbre, pero no excluyen lo conocido y cognoscible. No están del todo exentos de la funcionalidad propia de la ciudad terrestre, donde cada forma, cada disposición responden a su oficio. No están despojados de razón numérica (el nueve preside la distribución del laberinto que da acceso a la Ciudad de los Inmortales, el cinco comanda la de la biblioteca de Babel). La repetición permite establecer especies, géneros, categorías, puede ser codificada, formalizada, descripta, denotada, conceptualizada, asimilada al entendimiento del hombre. Está sujeta a una regularidad no inmediatamente perceptible pero sí a través de la experiencia, de los aciertos, de los yerros y de su posterior intelección.

Los laberintos humanos pueden ser interpretados. No así los laberintos naturales, como la escritura de Dios cifrada en las manchas del jaguar («... la manchas de la piel son un mapa de las incorruptibles constelaciones» —dice Borges en *Tres versiones de Judas*—), mapamundi cuyo orden y configuración repiten los del universo. Pero esta sentencia divina es para los mortales indescifrable, tanto como cualquier flor cuya imposible comprensión nos permitiría saber qué somos y qué es el mundo. El intrincadísimo laberinto del rey de Babilonia no compite ni en complejidad ni en sutileza con el inextricable desierto. Para qué construir laberintos, si el universo ya lo es. No existe laberinto más pasmoso y más confuso, no existe laberinto más inescrutable que el de la realidad natural: la salida, según Borges, nos está inapelablemente oculta, irremediablemente velada.

Tal es el enrevesado mensaje, el postrero que los inmortales signaron al levantar el dislate, el total desatino, la disparatada ciudad. Ese mensaje dice la insuperable imposibilidad de comprender el universo que, si está regido por alguna norma, ella escapa a los hombres. Los designios supremos son inaccesibles; los hemos suplantado con espectaculares sistemas especulativos que creemos espejo de la realidad. Ellos nos autosatisfacen aportándonos una ilusión de conocimiento pertinente. Instauran una cosmología que prejuzga la falaz equivalencia entre razón, verdad y realidad como si responder a las categorías del entendimiento fuese una exigencia no sólo nuestra sino del objeto de conocimiento, fuese un criterio de verdad extensible a la realidad externa. El mensaje de los inmortales restaura el definitivo imperio del caos, del absurdo, del sin sentido infranqueable al cual estamos por nuestras limitaciones condenados.

Presa de una irrevocable tendencia a la diversidad, la horripilante, la nefasta Ciudad es irreducible a norma humana. Nada en ella es operativo, nada en ella es útil o utensilio, nada se supedita a una función. Equivale a pesadilla, confusión de formas, subversión total de categorías. Es como un desparramo de signos desiguales que desbaratan toda linealidad, que desquician toda ilación discursiva. Escritura demasiado heterogénea, no puede interpretarse ni literal ni simbólicamente. O si algo simboliza es la negación del símbolo. El mensaje se basa en un código desconocido por el destinatario. El mensaje limítrofe dice la imposibilidad de comunicar algo significativo.

La Ciudad equivale a universo. Es anterior a los hombres; no pudo haber sido concebida por una inteligencia humana. Edificada por inmortales, si fue morada divina lo fue de dioses dementes que la abandonaron. Verla produce menos miedo que pensarla. No es la visión la que aterra sino la imposibilidad de discernimiento. No es la experiencia sensible la que desespera sino sus consecuencias reflexivas. No es la percepción la que espanta sino la idea de una realidad que invalida toda idea.

En la ciudad de los mortales rige la armonía; es microcosmo reflejo del supuesto macrocosmo. La Ciudad de los Inmortales fue erigida para restablecer la verdadera equivalencia entre urbe y orbe, es decir, para restablecer la continuidad de la entropía universal. La desproporcionada Ciudad, incompatible con nuestros arbitrios, rigores y obstinaciones, es la reversión paródica de la ciudad legible. Implica la vuelta al estado inicial, la vuelta a la ilegibilidad natural. Último símbolo transigido por los inmortales, texto que invalida todos los otros, significa la insignificancia de los lenguajes humanos.

Dos mentes distintas, como la de un tribuno romano y un miserable troglodita, participan de universos diferentes. El nuestro es una combinación de nuestra mente, la cual nos impone percibirlo y concebirlo según su peculiar tesitura. Dos mentes de distinta estructura tendrían distinta visión y distinta intelección de un mismo mundo; idearían distintos objetos, porque el objeto es una manera abstracta de recortar la continuidad de lo real (totalidad impensable y, por tanto, inoperante) para manipular segmentos designables y definibles según determinados efectos. Los objetos son, como los hrönir de Tlön, producidos por los fines a los que deben corresponder. Los objetos son productos del deseo, deseo objetivado o deseo objetual. Son productos de una onirogénesis, semejante a la del soñador que en *Las ruinas circulares* interpola su soñado en la realidad, para descubrir a la postre que ambos, generador y generado, son intercambiables. Ambos, sujeto y objeto, son igualmente ilusorios; ambos, en paridad, participan de la misma fatasmagoría; con identidad y entidad espectrales, resultan imágenes quiméricas de un mismo juego de reflejos irreales.

Nuestro lenguaje tiene que hacer pasar la ubicua y simultánea heterogeneidad de lo real por la sucesión lineal. Abunda en sustantivos que designan objetos, en sustantivos que son los segmentos identificables, los recortes convenidos, los detenimientos, los refugios semánticos, los aseguradores del orden estatuido. Los sustantivos son los sustentáculos reguladores de un universo de sentido postulado según sus exigencias internas. Los sustantivos son los guardianes del sistema, los agentes del totalitarismo logocéntrico.

Con nuestro lenguaje sucesivo y sustantivado, la realidad es indecible, la indivisa y cambiante totalidad es inefable. Más pertinente sería el lenguaje que imagina Marco Flaminio Rufo, apropiado a un mundo sin el tiempo y la memoria humanos, un lenguaje que ignore como el de Tlön los sustantivos, un lenguaje de verbos impersonales, no conjugados por el sujeto, y de indeclinables adjetivos, sin la imposición de concordancia, o sea, no adjudicables al objeto, una acción continua sin sujeto y sin objeto. Acceder a este lenguaje, es decir, al mundo, equivale a entrar en la inmortalidad, entrar en un infinito anulador de toda separación, anulador de toda identidad individual, de todo particularismo. Este lenguaje conjetura la existencia de un solo sujeto indivisible: el universo.

Y si no se puede decir el mundo exterior al pensamiento, queda el consuelo del lenguaje empedernido, resignadamente idealista de Tlön donde también faltan los sustantivos, denominadores comunes de lo categorial, de lo invariable, de lo prototípico; faltan los sustantivos o se construyen por acumulación de adjetivos. Negada la existencia del espacio, el sistema de composición léxica es allí el más apto para nombrar lo móvil, lo mudable, lo sumergido en la corriente temporal. En la lengua de Tlön los objetos no son tales; son momentáneas asociaciones, convergencia de sensaciones, de fenómeos fugaces que se encuentran en la ocasional encrucijada de un vocablo. Esta combinatoria permite concertar infinitos nombres con o sin correlato objetivo. No poseen valor referencial, responden exclusivamente a necesidades poéticas. La lengua se desembaraza por completo de las restricciones de lo real empírico, como si se propusiera poner planetariamente en práctica el creacionismo de Huidobro: la autosuficiencia, autorreflexión y autorreferencia del objeto poético.

En Tlön, un poema puede estar integrado por una sola y multitudinaria palabra, amalgamadora de profusos adjetivos. Si fuesen incontables, esa palabra diría el universo, esa palabra correspondería a la escritura de Dios. Así discurre Tzinacán, mago de la pirámide de Qaholom: si en los lenguajes humanos, por extensiva concatenación causal, toda proposición implica el universo (tigre presupone la escala zoológica, el mundo vegetal que lo alimenta y el mineral que nutre la flora), un dios necesitará de una sola palabra para contener expresa y simultáneamente el universo. Cuando decimos universo, decimos sombra o simulacro de esa totalidad por la insignificante significación que somos capaces de otorgarle.

La implicación universal y la inefabilidad son también atributos de la Ciudad monstruosa. Aunque situada en el centro de un desierto ignoto, ella contamina, según el ineludible encadenamiento de causas y efectos, todo tiempo, todo espacio, por más remotos que fuesen. Dada su condición divina, por ser causa primera, causa de causas, invalida el principio de razón suficiente. Si imaginamos la realidad como una ininterrumpida concatenación causal, los precedentes, cuanto más pretéritos, más deberán influir en lo sucedido y en lo por suceder. Admitido que la realidad es una e indivisa, cualquier suceso, por más banal, tiene imprevisibles consecuencias, condiciona todos los demás. A menos que aceptemos causalidades autónomas, lo cual contraviene la noción de cosmos unificador sujeto a principios uniformes, noción que Borges corroe con sus disolventes paradójicos.

En *La otra muerte* lucubra en torno de la revocabilidad del pasado. Nadie puede modificar lo ocurrido, quizá su imagen pero no los hechos. Tan dilatada, tan intrincada, tan entrañable es la concatenación causal que no puede anularse ningún hecho remoto, por más insignificante que fuera, sin invalidar el presente: «Modificar el pasado no es modificar un solo hecho; es anular sus consecuencias, que tienden a ser infinitas. Dicho sea con otras palabras; es crear dos historias universales.»

Si tan espesa y tan íntima es la trama causal, todos los hechos que pueden ocurrir a un hombre han sido predeterminados por él. La casualidad se vuelve causalidad. Y todo suceso personal resulta de una sabida o ignorada elección, incluso la muerte y las desdichas. Esta teleología individual —aventura Borges— presupone un orden secreto donde hasta el pensamiento más fugaz respondería a un dibujo invisible, a una configuración que todo lo involucra. Lo más nimio puede coronar o inaugurar una forma imprevisible. No hay cosa que no pueda ser simiente de un infierno. Un oscuro prestamista londinense muere creyendo vana su vida e ignora que su justificación es haber inspirado a un cliente ocasional el personaje de Shylock.

Virgilio supone, en su Egloga cuarta, augurar el nacimiento de un hombre y revela el de Cristo. Lutero, traductor de la Biblia, funda una estirpe que intentará destruirla para siempre.

Tamaña determinación causal invalida toda iniciativa, eslabonándola a una cadena irremisible. Benjamín Otálora, compadrito convertido por una muerte a cuchillo en tropero y contrabandista, ambiciona suplantar a su jefe Azevedo Bandeira; codicia su mujer, su apero y su caballo. Cuando parece conseguir lo querido, descubre que es víctima de una maquinación de Bandeira, quien le permitió la arrogancia, el amor, el mando porque ya lo había sentenciado, ya lo daba por muerto.

Aceptada la fatalidad de esta trabazón, todo acto es justo por indeclinable; todo destino resulta ineluctable porque está forzosamente prescripto. Entonces toda valoración moral se torna ociosa, toda axiología queda anulada. No habría méritos ni desméritos. Por eso los inmortales se perfeccionan en la tolerancia y el desdén. O las virtudes y las infamias están, como las cifras pares e impares en los juegos de azar, sujetas a un secreto principio de compensación. Concebir el universo como sistema de precisas compensaciones invalida toda piedad. Los virtuosos y los infames resultan igualmente necesarios, están igualmente predestinados por la adjudicación de un destino propicio o adverso. (Así lucubra Borges hipotéticamente, así zapa la firmeza de nuestros consensos morales, así trastorna la seguridad de nuestros axiomas éticos. Confrontando y combinando distintas concepciones, extrema la deducción, la lleva a sus últimas consecuencias lógicas. Paradójicamente, la hipertrofia racional desemboca en la atrofia moral.)

Sería igualmente lícito buscar la purificación por el bien que por el mal. O extremar el mal es, como ocurre con Judas, incrementar su contrario. La traición de Judas está prefijada en la economía de la redención. Judas es el reflejo invertido de Jesús. Eligió las culpas no morigeradas por ninguna virtud, eligió la delación por humildad y ascetismo, eligió la reprobación porque toda bondad es atributo divino y no ser malvado, una satánica soberbia. Jesús y Judas son complementarios, así como los teólogos Aureliano de Aquilea y Juan de Panonia, el ortodoxo y el hereje, el acusador y la víctima, son para Dios una misma persona. El guerrero y la cautiva conforman una sola historia; el nazi Otto Dietrich zur Linde y el judío David Jerusalem, el exterminador y el exterminado, son anverso y reverso de una misma medalla. Como el buscador y el buscado, el traidor y el héroe, el soñador y el soñado, son equiparables, son reversibles, son intercambiables. Buscar es buscarse, soñar es soñarse, condenar es condenarse: «... somos comparable al hechicero que teje un laberinto y que se ve forzado a errar en él hasta el fin de sus días o a

David que juzga a un desconocido y lo condena a muerte y oye después la revelación: *Tú eres aquel hombre.*» (*Deutsches requiem*)

O el individuo Droctulf fue único e insondable, como todos los individuos lo son. Pero el pensamiento humano no puede operar con extremadas, con excesivas diferencias; necesita forzar los objetos para que circulen por los ejes de semejanza, para que se incorporen a los sistemas de abstracción tipificadora; necesita imponer la reducción binaria, ordenarlos en parejas de contrarios. Nos fuerza a alinearlos en bandos opuestos, nos resume en aristotélicos contra platónicos. Droctulf es sólo manejable como tipo genérico, como realidad esquematizada por la tradición y el olvido. Funes el memorioso, con su percepción infalible que todo lo registra y todo lo retiene, que discierne en cada objeto los mínimos detalles, las más diversas sutilezas y nada puede olvidar, es abrumado por un presente multiforme, por una heterogénea simultaneidad intolerablemente nítida, por la inconmensurable diversidad, por la infinita dispersión. Funes no puede pensar, no puede abstraer, no puede tipificar, porque pensar es olvidar diferencias. Funes anula toda continuidad, incluso la que por conformismo llamamos individuo. Funes en vez de asociar, disocia; en vez de asbtraer, concreta; en vez de generalizar, particulariza; en vez de universalizar, aísla; en vez de unificar, fragmenta. Funes no puede distraerse del mundo para restablecer el dominio del logos ordenador, para restaurar la sistemática conexión de causas y efectos. Funes está condenado a percibir el mundo en su realidad primordial, como una «rapsodia de voces inconexas». Y como tal, es irrepresentable, es impensable. Ninguna simbología, ningún lenguaje puede figurarlo.

El mundo no puede ser figurado por ningún símbolo genérico. Es por tanto indecible. O puede ser prefigurado por una representación literal y simbólicamente ilegible, ilegible en su sentido primero y en su sentido segundo o traspuesto. La Ciudad caótica es una imagen del mundo, ininteligible, inefable. Decir la Ciudad de los Inmortales resulta tan imposible como decir la casa de Asterion que tiene el tamaño del mundo, donde todas las partes están muchas veces, donde cualquier lugar es otro. Tan imposible como decir el éxtasis en que Tzinacán contempló la Rueda universal que estaba por doquier al mismo tiempo, donde se entretejían simultáneamente todas las cosas que fueron, que son y que serán. Tan imposible como decir el Aleph, lugar donde sin confundirse están todos los lugares del orbe, contemplados desde todos los ángulos.

La imposibilidad de este decir es múltiple: la comunicación presupone, además de un código común, una experiencia compartible; la comunicación de esta vislumbre excepcional requiere palabras aptas; esta visión es simultánea mientras que el lenguaje es sucesivo e impone la discursividad. Quedan dos recursos para expresar la infinita y simultánea heterogeneidad: el emblemático y el enumerativo. Al emblemático corresponden las metáforas y comparaciones empleadas por los místicos para simbolizar la revelación en estado de trance; pero se trata de figuras analógicas, contaminadas de literatura y por ende falaces. Otro problema insoluble: la enumeración, aunque parcial, de un conjunto infinito. Para sugerir la diversa infinitud del Aleph, Borges opta por una vasta enumeración caótica que yuxtapone lo distinto y distante temporal, espacial y jerárquicamente. La asociación de tamaña diversidad se asienta en un solo eje de semejanza posible: el inconmensurable, el incontable, el indescriptible universo.

La enumeración de la máxima simultaneidad, de lo extremadamente ubicuo termina con un juego de recíprocas inclusiones, porque la tierra contiene ese punto que a su vez contiene la tierra que a su vez contiene el punto; termina con la mutua inclusión de lo macrométrico en lo micrométrico y viceversa: «... vi el Aleph, desde todos los puntos, vi en el Aleph la tierra, y en la tierra otra vez el Aleph y en el Aleph la tierra, vi mi cara y mis vísceras, vi tu cara, y sentí vértigo y lloré, porque mis ojos habían visto ese objeto secreto y conjetural, cuyo nombre usurpan los hombres, pero que ningún hombre ha mirado: el inconcebible universo.»

Suponiendo que pueda alcanzarse la vislumbre universal, suponiendo que se perciba lo gruesamente infinito, esa visión, si es factible, resulta inexpresable, por lo menos verbalmente. Incompatible con la mente humana, esa visión no puede ser inteligida, es incomprensible.

Especular, especulativa, espectacularmente, el hombre, una nadería accidental en la historia del universo, inventa su mundo (su versión / diversión del mundo) interpolándolo en la realidad. El mundo, para Borges, es una proyección imaginaria, una fabulación concebida según nuestra estructura intelectual, concorde con nuestras necesidades operatorias; pero la realidad es refractaria a ese molde modelado por el hombre. La sintaxis humana no concuerda con la del universo. Incompatible con la realidad, nuestro cosmos es una ficción inverificable. Para construir sus arquitecturas, la mente necesita abstraerse del universo, ampararse en la finitud que lo falsea, imponer su limitativa lectura: tlönificarse.

El cosmos, nuestra versión del impenetrable universo, adolece de irrealidad, está inficionado de ilusión y de sofisma. Cuanto mayor la coherencia cosmológica, cuanto más perfecta su articulación, más se distancia del objeto de conocimiento y más lo distorsiona. Cuanto más unívoca, menos veraz, porque la racionalidad sólo puede ejercer su omnipotencia, su metódica congruencia sin fallas cuando se aplica a un objeto desgajado de su condicionamiento material, a un objeto ficticio. No hay historia de un planeta con más rigurosa cohesión que la Tlön, porque ha sido concebida por hombres para satisfacer exigencias humanas.

La enciclopedia de Tlön es parábola o parodia de esa empresa milenaria, de ese cúmulo colectivo, progresivo: la suma del saber, la obra más vasta emprendida nunca por los hombres. Borges, el agnóstico, el escéptico, menoscaba su fundamento, impugna sus pretensiones, niega su eficacia última. Por fin, inalcanzable el universo, todo conocimiento se torna conjetural; intransitivo, no pasa del sujeto, no puede alcanzar lo objetivo; reducido a puro proceso mental, opera en circuito cerrado. En Tlön se considera toda actividad científica como mero hecho psíquico, todas las disciplinas se subordinan a la psicología. Todas ellas están compelidas a concebir el espacioso y simultáneo universo como series de procesos mentales que se suceden en el tiempo. La temporalidad mental no puede asociarse con la extensión objetiva. O, mejor dicho, lo espacial, dimensión de la realidad, para ser pensado, tiene que ser traspuesto a lo temporal, única dimensión del pensamiento.

Toda relación causal resulta arbitraria; es una de las tantas lecturas posibles frente a la extrema multiplicidad de fenómenos. Concatenarlos causalmente es una pura asociación de ideas, una concomitancia que vincula distintos estados del sujeto perceptor. Esta vinculación resulta siempre abusiva porque endilga a la realidad nexos que sólo son modalidades subjetivas de ligar singularidades independientes. Así las ciencias o la filosofía, que tienen como función producir conocimiento sobre la base de relaciones causales (lógicas), carecen de valor referencial y devienen construcciones imaginarias, cuyo mayor o menor atractivo residirá en el asombro que susciten. Su seducción, la adhesión que recaban son directamente proporcionales al ingenio puesto en obra. Con excepción de la psicología, la ciencia y la filosofía se adscriben a la literatura fantástica.

Borges afirma la imposibilidad de generalizar, de superar la autonomía, la especificidad de las singularidades individuales, de reducir en abstracto, por imposición racional, la disociada heterogeneidad de lo real. Afirma la imposibilidad de adicionar estados pasados con presentes o futuros. Refuta nuestras dimensiones temporales, porque el presente puntual, cambiante, carece de precisa delimitación, es indefinida fugacidad; el futuro, hipotético, no tiene realidad objetiva, es sólo una esperanza presente; el pasado sólo existe en tanto se actualiza, en tanto se vuelve presente: indefinición.

El tiempo es rebatido con una argumentación lógica. Luego, en lugar de otorgarle carácter axiomático, Borges la yuxtapone a otras refutaciones cada vez más esotéricas, la confunde con otras suposiciones o permutaciones de una misma fabulación, todas conjeturales, equiparables, igualmente fantásticas, construcciones placenteras o sensacionales con las que se intenta responder a un enigma indescifrable.

Borges evidencia la imposibilidad de superar las singularidades individuales; opera con lo genérico invalidado de realidad. La irrealidad implica rechazo de la profundidad corporal, de la espesura material en su inmediata y confusa concreción. A las densas mezclas, a las acciones y pasiones entrañables, superpone sus impasibles tesis y antítesis. Remonta sus personajes por encima de las honduras mentales y viscerales, los tipifica despojándolos de espesor carnal y psicológico. Sus rasgos, sus afectos, sus procederes no los personalizan, no los identifican, son los desprovistos de excepción, son los de cualquier hombre, son los de todos, son los de ninguno. Borges sabe que los caracteres de las sustancias no compasan, compiten con los caracteres de las ideas, pero siente pavor por el caos corporal incompatible con el razonamiento. La racionalidad borgeana opera en el vacío incorporal sabiéndose manipuleo malabar, sabiendo que la naturaleza tiene otra gramática.

El universo es una criptografía definitivamente enigmática, siempre tentadora pero insoluble. La verdad inalcanzable ha sido sustituida por una exigencia interna al razonamiento, por un consenso intersubjetivo. Un código inherente a la articulación del discurso impone una restricción de los posibles y una determinada manera de conectarlos, como si ese código fuese efecto de naturaleza, un determinismo fáctico. La verdad ha sido suplantada por una previsibilidad convencional que llamamos verosimilitud.

Historiar el universo es tan hipotético como historiar acciones humanas. Para Borges, la realidad pretérita es irrecuperable mediante la memoria que practica su propia selección, que borra y escribe según secretos requerimientos. Historiar es hacer verosímil una relación sobre lo sucedido, otorgarle coherencia narrativa, es decir, someterla a los reclamos específicos de una forma literaria y así dotarla de una apariencia de verdad, tornarla convincente, montar el espectáculo que provoque la sugestión, la ilusión de realidad, como si la causalidad textual fuese equiparable a la real.

La historia no existe en el nivel de los hechos, no está inscrita en lo real. La historia es una conexión ilativa que el historiador trama imponiéndola abusivamente a lo fenoménico por una necesidad que responde no a los eventos, sino a nuestro modo de aprehenderlos. La historia es un artificio disfrazado de necesidad fáctica que presupone con candor una continuidad entre texto y mundo, como si lenguaje y realidad fueran equivalentes e intercambiables. Para que la historia exista hay que hilvanar con lo disperso y diverso un encadenamiento factual y transformarlo en discurso. Borges denuncia la doble desnaturalización que ambas operaciones implican: «—En Cornwall dije que era mentira la historia

58

que te oí. Los *hechos* eran ciertos, o podían serlo, pero contados como tú los contaste, eran, de un modo manifiesto, mentiras.» *(Abenjacán el Bojarí, muerto en su laberinto.)* Hechos ciertos urden una historia mentirosa. Para contrarrestar la arbitrariedad (ilegibilidad, ininteligibilidad) de los hechos no concatenables en sí, para cancelar la contingencia aleatoria, se los enlaza imponiéndoles un continuo presumible, presuntuoso, prepotente.

La historia pertenece, según Borges, al género narrativo. Propone un pasado más satisfactorio que el real, una anécdota conexa para sustituir la otra difusa, incongruente, desconocida: «...ya la enseñanza de su historia armoniosa (y llena de episodios conmovedores) ha obliterado a la que presidió mi niñez; ya en las memorias un pasado ficticio ocupa el sitio de otro, del que nada sabemos con certidumbre —ni siquiera que es falso.» *(Tlön, Ugbar, Orbis Tertius.)* Toda historia es supuesta, toda historia es figurada. Si la verdad es irrecuperable, no queda otro refugio / subterfugio que urdir ficciones que se reconocen como tales, desembarazarse de las ineficaces, de las falaces restricciones de la verosimilitud realista y proponer fabulaciones que no pretendan representar correlatos objetivos, que se saben juego paradojal, permutaciones imaginarias, *modus operandi,* alegoría, mito, fantasmagoría, fantasioso simulacro.

La letra, más que consuelo, es condena, condena a un vano devaneo por la periferia de ese impenetrable arcano que es el conocimiento total de tan siquiera una partícula de mundo. En algún hexágono de la ilimitada Biblioteca, en algún anaquel debe haber un libro que cifre y compendie el dilatado universo; quizá sea una página, quizá una fórmula, quizá una sola palabra, quizá una sílaba, pero es inhallable e indescifrable; peor: es irreconocible, podemos pasar por ella sin saberlo. Presuntamente localizado, examinado y leído, el libro total puede resultarnos un galimatías cacofónico, porque el universo es, como ese laberinto de letras, inescrutable.

Borges dice reiteradamente su desdén por lo escrito; repite que los libros nada significan en sí, que buscarles sentido es una inveterada superstición tan vana como inquirir los sueños o las líneas de la mano. Giambattista Marino en su lecho de muerte contempla una rosa y la ve por fin en sí, en su propia naturaleza que ningún lenguaje puede comunicar: «Marino *vio* la rosa, como Adán pudo verla en el Paraíso, y sintió que ella estaba en su eternidad y no en sus palabras y que podemos mencionar o aludir pero no expresar, y que los altos y soberbios volúmenes que formaban en un ángulo de la sala una penumbra de oro no eran (como su vanidad soñó) un espejo del mundo, sino una cosa más agregada al mundo.» *(Una rosa amarilla.)* La abrumadora acumulación de páginas, la conciencia de que todo está escrito, intimida, anula, afantasma. Es inútil escribir. Lo atesorado por todas las bibliotecas, la biblioteca total no mitiga el divino desorden, no consigue justificar el confuso universo no explica ese absurdo que parece obra de dioses enloquecidos.

En Borges no hay idolatría por el libro ni exaltación de la escritura. Máxima conciencia de sus alcances, consumado dominio de sus recursos, no deben confundirse con fetichismo literario. Sus textos están signados por la mesura, por la restricción formal, por el equilibrio entre continuidad y discontinuidad, entre expansión y retracción, entre permanencia y cambio. El medio lingüístico nunca es liberado a su propia energía, nunca desembarazado de su sumisión al lenguaje. El discurso nunca se independiza de la historia. Borges raramente pone de manifiesto la especificidad material de su producción significativa. No busca la novedad, más bien la denigra; en su escritura comanda lo previsible.

La escritura borgeana se asienta en una rigurosa coherencia, en una sintaxis severamente controlada, en una contención léxica, en un principio de economía tendente a evitar el gasto superfluo, a descartar todo derroche. La escritura de Borges es funcional y unitiva. La escritura de Borges es una de sus paradojas. La coherencia dada por la prosa simétrica y precisa, por la estricta articulación conceptual, por la verosimilitud sintáctica no es sino un efecto en superficie, una parodia de rigor para ocultar la inseguridad semántica, la perturbación epistemológica que nos deparan sus ficciones. Entre el discurso de Borges y sus historias hay una brecha equiparable a la que existe entre la ciudad terrestre y la celeste, entre cosmos y caos.

Si aguzamos el análisis, también en la escritura encontraremos los índices equívocos, los sembradores de ambigüedad, las fisuras del aparente continuo: paréntesis perturbadores, inciertos puntos suspensivos, adjetivos antitéticos, inserciones desorientadoras, términos anfibológicos, disyunciones desconcertantes; encontraremos por doquier las señales del desasosiego semántico.

Todo en Borges alude a la invalidación de nuestras pautas cognoscitivas, de nuestros principios de razón suficiente, de nuestra protectora univocidad, de nuestros tranquilizantes significativos. Borges remueve los cimientos de toda intelección realista; desbarajusta el sistema de coordenadas que permiten formular postulaciones sobre la realidad, desbarata las categorías clasificatorias, embarulla la causalidad convenida. Con tácticas múltiples y en toda dirección, dispara su artillería paradójica para relativizar las estrategias del conocimiento. Más que ofensivas frontales, las suyas son acciones de solapada zapa, sibilino desgaste, profusión de focos subversivos. Gnoseológicamente, poco o nada queda en firme frente a su agnosticismo, frente a su escepticismo, omnicomprensivos. Algo queda, sin embargo, a su favor: la incontestable validez de sus escritos.

Otra paradoja: Borges anula el principio de identidad; niega la originalidad, niega que algo de lo mucho escrito pueda considerarse patrimonio individual de un autor. Vislumbra su obra, igual que cualquier producción literaria, como una de las tantas encrucijadas posibles, como uno de los múltiples entrecruzamientos de textos precedentes y presentes, como un momento de coexistencia, como una parcela de la innumerable coextensión textual. Pero su escritura es su identificadora, la que singularizada lo singulariza. Sus personales fabulaciones, su especial entramado ficticio, su ilación, su ideación, sus mixturas, sus montajes nos permiten identificarlo, identificar por lo menos al otro Borges, el Borges público, el de las páginas válidas, aquél que pasó de las mitologías del arrabal a los juegos con el tiempo y con lo infinito. Esos juegos ya son de Borges y de ellos no quiero librarme.

MUNDO MOROSO Y SENTIDO ERRATICO
EN FELISBERTO HERNANDEZ

Lo que más me desconcierta y seduce en Felisberto Hernández son sus relatos tardos, remisos, irresolutos, por momentos casi ausentes o carentes de la narratividad convencional. Pienso en *Tierras de la memoria* y en *El caballo perdido,* en cuentos como «Nadie encendía las lámparas», «El balcón», «Las dos historias», «La casa inundada», «La casa nueva» y en la mayoría de los textos que reúne *Primeras invenciones.* Son los relatos sin historia donde no hay curso, progresión, sino un casi puro transcurso, o donde el curso es el discurso. Los hechos flotan, apenas se concatenan, no hay una fuerza impulsiva, un motor fáctico-narrativo que los compela a encadenarse en una ilación causal. Todo sucede, sobreviene eventualmente en una frontera incierta entre lo real y lo inasible, entre lo palpable y lo improbable, entre lo significativo y lo insignificante. Ni abstracto ni corporal (Felisberto no se deja tentar por el discurso de arriba que funda su coherencia en una lógica conceptual separada de las cosas; tampoco lo tienta el discurso de abajo que quiere confundirse con la confusa espesura de las profundidades), todo está en suspensión; apenas urdido por una trama laxa, tiende más a dispersarse que a la concentración. Aunque figure lo banal doméstico, el relato resulta fronterizo, se sitúa en algún justo límite. Parodia de visión pueril, perpleja, su verosimilitud es oscilante, ni realista ni maravillosa. No hay un orden (orden implica una significación ideal, supraempírica, una relación de conexión categorial, de anexión jerárquica) ni un desorden (no efectividad del orden, porque la materialidad de las cosas se resiste a la significación, porque el craso infinito, las simultáneas y heterogéneas mezclas de lo corporal no se dejan alinear discursivamente). Hay una constante vecindad, una tangencia (todo en Felisberto es tangencial) con el absurdo sin entrar en él decididamente (todo en Felisberto es indeciso).

El yo desganado, inoperante, con una voluntad menguada, sin designio y sin diseño, esa conciencia errática que no consigue controlar la actividad mental, que cuando quiere esclarecer su trabazón se desquicia, esa disyunción entre palabra y pensamiento, entre palabra y cuerpo, esa condición de alteridad del propio cuerpo cuyas partes operan con autonomía, esos objetos jerarquizados en paridad psicológica con las personas, ese tiempo moroso y difuso sin perspectiva de futuro, esa relación de coexistencia sin convivencia con los otros personajes, esa maravillosa mansedumbre con que Felisberto Hernández transcribe plácida, impasiblemente, un acontecer en el que apenas interviene, esa tenue textura sin aparente ahínco formal, todo concurre para concitar un ámbito flotante, esos signos nómadas, ese halo humorístico, ese encantamiento tan enigmático.

En Felisberto es ambiguo hasta el estatuto (condición o régimen) del yo. Casi todos sus relatos están narrados en primera persona, pero sólo epidérmicamente incitan a identificar este yo textual con el del productor del mensaje (¿el uno fingido, el otro real, o los dos ficticios o ambos reales?, ¿quién dilucida y sobre qué pautas el grado de realidad, es decir, el modo de existencia, de tantos yoes especularmente desdoblados, recíprocamente reflejos?). Varias coincidencias avalarían el equiparamiento de la persona/relator/protagonista de las ficciones literarias con el empírico yo extratextual; la narración de los avatares del pianista chaplinesco que peregrina en giras provinciales por esos pueblos somnolientes, en procura de conciertos ante auditorios apáticos, alojándose en hoteluchos y cruzándose por casualidad con otros coexistentes, con otras mónadas humanas, no carece de valor referencial. Supuestamente, la indicación autobiográfica, las marcas autoexpresivas aumentan en las evocaciones de la infancia, en *Tierras de la memoria,* en *El caballo perdido,* en *Por los tiempos de Clemente Colling,* en aquellos textos que se proponen como recuperación del pasado por el ejercicio de la remembranza. Pero esta re-presentación de lo pretérito, aunque apenas se separa de la conciencia evocadora, no está centrada o hilvanada por un yo nítidamente individualizado, por una personalidad identificada que obre como unificadora. En Felisberto no hay autorrevelación por la escritura automática ni buceo en los abismos subconscientes. No se remeda el caótico flujo preoral de las impulsiones/pulsiones visionarias, no se trata de captar en bruto esa intimidad psíquica previa a toda formalización discursiva; el suyo no es un monólogo interior. No vale la pena forzar el desciframiento en aras de una recuperación romántica de la «verdadera» subjetividad diseminada en sus escritos. Lo específico suyo es ese yo difuso, ese relator neutral en relación de coexistencia y coextensión con los personajes, las cosas, las palabras, los acontecimientos, indiferenciadamente interiores y exteriores. Lo singular de Felisberto, lo significativo es esa falta de determinación semántica, causal, esa secuencia lenta, horizontal, sin afán de concreción sensible, desapasionada, ese puro acontecer sin dirección, casi carente de intelección. Lo peculiar es ese yo abúlico (literal pero no literariamente), ese contemplador en babia, con una deferencia embobada, que practica el «placer libre de la impersonalidad» para no perder «el sentido distraído de las cosas». Practica la impersonalidad para percibir sin justificación ni fantaseo («ni injusto, ni frío, ni muy entusiasmado») «aquella cosa tan real, tan descoincidente con el deseo y con el esfuerzo del pensamiento para preverla... lo imprevisto, lo de siempre» (PI, 96) *. Practica la exterioridad para inscribir esa emoción quieta de las cosas, ese poema del absurdo que es la realidad tal como se presenta en la superficie. Lo propio de Felisberto es ese observador sin compromiso que registra un acaecer que es pura aparición, sin destino, sin propósito; lo registra sin «comentario», sin empeño conceptual, conjuntivo que conecte aquello que en la «sensación disociativa, dislocada y absurda» se muestra como una simultaneidad desparramada:

> ... Otras veces me ocurría que ese comentario no me venía y empezaba a sentir las cosas y el destino de la otra manera, de mi manera especial: las cosas, las personas, las ideas y los sentimientos no tenían que ver unos con los otros y sobre ellos había un destino concreto. Este destino no era cruel, ni benévolo ni tenía propósito. Había en todo una emoción quieta, y las cosas humanas que eran movidas, eran un poco más objetos que humanas. La emoción de esta manera de sentir el destino, estaba en el matiz de una cosa dolorosa y otra alegre, de una cosa quieta y otra movida. Y aunque estas cosas no tuvieran que ver unas con otras en el pensamiento asociativo, tenían que ver en la sensación disociativa, dislocada y absurda. Una idea al lado de la otra, un dolor al lado de una alegría y una cosa quieta al lado de una movida no me sugerían comentario: yo tenía una actitud de contemplación y de emoción quieta ante el matiz que ofrecía la posición de todo esto. (PI, 65-66).

Ese yo timorato, casi destituido de identidad, tardo, paciente, rezagado, a la merced del imprevisible acontecer, es el único punto de vista apto para transcribir la visión felisberteana. Es el yo de la sabia modestia, de la mínima intervención; es el yo de la aquiescencia o de la deficiencia de un narrador que sabe tanto o menos que sus personajes, que no tiene acceso a otras conciencias que la suya. La tercera persona está descartada por petulante, porque corresponde al relato determinativo, sapiente, justificador, interpretativo, conclu-

* Tabla de abreviaturas:
ECP El caballo perdido, Arca, Montevideo, 1970.
LH   Las hortensias y otros relatos, Arca, Montevideo, 1966.
NEL Nadie encendía las lámparas, Arca, Montevideo, 1967.
PI   Primeras invenciones, Arca, Montevideo, 1967.
TM   Tierras de la memoria, Arca, Montevideo, 1967.

sivo, al de la visión por detrás; la tercera pertenece no al perceptor, sino al organizador del mundo.

Este yo desganado registra un acontecer rebelde que sobreviene rebasando el ordenamiento que las ideas reglan y pretenden extender a las cosas. El relato de tal acontecer presupone un sujeto corporal que lo manifiesta expresándose a través del lenguaje. En Felisberto estas cuatro instancias —yo, cuerpo, lenguaje, cosas— no están acordadas previamente, no se integran en un continuo ni fáctico ni lógico, no se implican mutuamente en una trama de relaciones conexas, no se subordinan del todo a la coherencia discursiva. Tienden a la disociación, a convertirse en devenires autónomos. Dicho de otra manera, el impasible continuo discursivo de Felisberto para narrar esa eventualidad disímil y errática es una de sus humoradas.

El desmembramiento, la dispersión que se produce entre conciencia, cuerpo y lenguaje hace que el sujeto no pueda controlar su actividad mental. Lo físico y lo psíquico sobrevienen indiferenciados, sin deslinde entre lo objetivo y lo subjetivo y sin noción de pertenencia. En los textos de Felisberto Hernández el sujeto no se atribuye lo que pasa por su mente o por su cuerpo. El yo aparece como encrucijada eventual de acontecimientos que se interceptan azarosamente. Ese yo menguado no puede encausar su pensamiento ni hilvanar sus recuerdos. Las ideas o imágenes errantes invaden; intempestivas o subrepticias, maniatan el pensamiento, desalojan a las concitadas voluntariamente, irrumpen caprichosas para descoyuntar el orden reflexivo, se entremeten cuando menos se las espera y se quedan más de lo deseado: «A pesar de andar con pasos lentos, de sonámbulo, de pronto tropecé con una pequeña idea que me hizo caer en un instante lleno de acontecimientos. Caí en un lugar que era como un centro de rara atracción y en el que me esperaban unos cuantos secretos embozados. Ellos asaltaron mis pensamientos, los ataron y desde entonces estoy forcejeando» (ECP, 26).

En *Tierras de la memoria,* en *El caballo perdido,* en *Por los tiempos de Clemente Colling,* o sea, en las narraciones de extensión novelesca, se produce siempre el mismo atolladero inicial, la dificultad de un arranque lineal, de ejecutar el proyecto rememorativo, de imponer el avance ideado, de reprimir la turbamulta de interferencias que amenazan con desordenar el relato. O las evocaciones se ordenan según pautas de afinidad que les son inherentes pero que atentan contra la unidad planificada en abstracto. Los recuerdos recomponen por su cuenta el pasado. Cuando la conciencia se propone recuperarlo es atropellada por un exceso de detalles, por una evocación demasiado rica para la retentiva de la memoria, o aparecen los recuerdos intrusos, o dentro del recuerdo requerido se producen mezclas, inexplicables anacronismos. La remembranza suprime y añade con ignota intención: «...cuando yo no comprendía la intención con que

65

en esos recuerdos se habían suprimido algunas cosas y aparecían otras que no ocurrieron en aquel tiempo, era entonces que de pronto el mundo giraba unos días hacia adelante y se iba a detener, llamado por una fuerza desconocida, ante un simple recuerdo contemplativo: una mujer joven comía uvas bajo un parral» (TM, 42).

Los hechos irrumpen inesperados, sorpresivos; sus trazas psíquicas son imprevisibles. No se sabe qué sucesos quedarán merodeando en la memoria, cuáles cesarán, cuáles se fijarán obsesivamente. Objetos, hechos, ideas, imágenes, sentimientos se amalgaman misteriosamente en cada momento del vivir. Cada instante opera su extraña mezcla ligando componentes eventuales en relaciones aleatorias, contrastantes. Para Felisberto, la conciencia es un constante pulular a velocidades desiguales donde todo bulle, cesa, vuelve, converge, se dispersa, con alternancias de comprensión y de incomprensión.

El narrador no puede imponer a los recuerdos una coherencia ajena, porque la capacidad evocativa es antagónica del prurito de concatenar la evocación. Si se lo quiere alinear y clasificar, el recuerdo se muestra remiso o chúcaro. En el «teatro del recuerdo» el narrador es más espectador que operador: «El alma se acomoda para recordar, como se acomoda el cuerpo en la banqueta de un cine. No puedo pensar si la proyección es nítida, si estoy sentado muy atrás, quiénes son mis vecinos o si alguien me observa. No sé si yo mismo soy el operador; ni siquiera sé si yo vine o alguien me preparó y me trajo para el momento del recuerdo» (ECP, 9). El evocador no puede hilvanar sus recuerdos sin ahuyentarlos; todo pasa por la pantalla de proyección de la conciencia. No se puede hilar narrativamente esa diversidad irracional. Lo fenoménico se resiste a acompasarse con una historia, porque la historia es una imposición intelectual, externa a los acontecimientos; es una recomposición restrictiva y abusiva; la historia no existe en el nivel de los hechos. Felisberto quiere atenerse al acaecer sin imponerle la codificación habitual, la textura adulta; opta por una mostración sin interpretación, apenas concatenada; decide respetar la impenetrabilidad primordial de lo fenoménico, porque las cosas son constitutivamente insondables:

> Además tendré que escribir muchas cosas sobre las cuales sé poco; y hasta me parece que la impenetrabilidad es una cualidad intrínseca de ellas; tal vez cuando creemos saberlas, dejamos de saber que las ignoramos; porque la existencia de ellas es fatalmente oscura: y ésa debe ser una de sus cualidades. (ECP, 49).

Escribir sobre lo que se ignora significa acondicionar la representación a la presentación, al modo de existencia de los hechos. Las cosas mentales son discordantes y remisas al control de la inteligencia; responden a su propio designio, se maridan o divorcian según peculiares simpatías; están guiadas por una voluntad ajena a la conciencia que las alberga. Frente al narrador compulsivo que pretende instaurar el orden estatutario, los recuerdos se repliegan para salvaguardar su secreto. Hay que respetar su extrañeza; pretender despojarlos de su «real imprecisión» es desvirtuarlos, es como querer quitar «lo absurdo y lo fantástico a un sueño» (ECP, 42). Hechos, sentimientos, ideas defienden su alteridad; como los objetos de afuera, poseen su propia sombra, su misteriosa singularidad: «De pronto no sólo los objetos tenían detrás una sombra, sino que también los hechos, los sentimientos y las ideas tenían una sombra. Y nunca se sabía bien cuándo aparecía ni dónde se colocaba. Pero si pensaba que la sombra era una seña del misterio, después me encontraba con que el misterio y su sombra andaban perdidos, distraídos, indiferentes, sin intenciones que los unieran» (ECP, 102). La aparición, la fluencia, el encadenamiento, la convergencia no se pliegan del todo a los mandatos del memorioso. Las imágenes convocadas acuden con pereza; demoran porque tienen que encontrar por sí mismas el arreglo que les permita aparecer. Los recuerdos cumplen resignadamente un destino impuesto por el evocador, pero le impiden penetrar en ese ámbito que es privativo de ellos; sólo puede observarlos como habitantes de otro mundo: «...vivían una cualidad de existencia que no permitía tocarlos, hablarlos, ni ser escuchado; yo estaba condenado a ser alguien de ahora; y si quisiera repetir aquellos hechos, jamás serían los mismos. Aquellos hechos eran de otro mundo y sería inútil correr tras ellos» (ECP, 37).

Para recordar cabalmente hay que sincronizar lo diacrónico, hacer que el hombre retroceda y que el niño avance hasta que ambos coincidan. Recordar la infancia es retroceder hasta la visión inocente; el hombre vuelve a mirar con ojos aniñados y el niño tiene que «hacer el milagro de recordar hacia el futuro» (ECP, 32). Pero, para Felisberto, hombre y niño son inconciliables. El niño carece de la noción del tiempo adulto, lineal, sucesivo, irreversible, no postula exigencias de sentido completo, de congruencia y fundamento; unifica momentos distintos y lugares distantes; coaliga seres y cosas mediante parentescos reversibles y polivalentes, según analogías que no requieren ninguna verificación exterior; no diferencia mundo real y mundo ilusorio: todo comunica con todo en una continuidad sin rupturas. Los adultos gramaticalizan e historifican. Tratan de establecer la sintaxis, el sistema de articulación de cada proceso atribuyendo a cada componente el signo pertinente (de pertenencia), e intentan determinar una cronología genética que interpretan analíticamente. El adulto es un centinela/inquisidor que no sabe sumirse en el aquietamiento y la ensoñación del niño. Cuando consigue una perentoria convergencia con la visión inocente, se pone a registrar, a escudriñar inquisitoriamente esas imágenes; quiere convertir la movilidad, la mutabilidad analógica en una taxonomía. La una, asentada en el poder de unificar, es incompatible con la otra que se basa en la discriminación clasificadora:

> ... Cuando el niño miraba el brazo desnudo de Celina sentía que toda ella estaba en aquel brazo. Los ojos de ahora quieren fijarse en la boca de Celina y se encuentran con que no pueden saber cómo era la forma de sus labios en relación a las demás cosas de la cara; quieren tomar una cosa y se quedan sin ninguna; las partes han perdido la misteriosa relación que las une; pierden su equilibrio, se separan y se detiene el espontáneo juego de sus proporciones: parecen hechos por un mal dibujante. Si se les antoja articular los labios para ver si encuentran palabras, los movimientos son tan falsos como los de una torpe muñeca de cuerda. (ECP, 33).

Los recuerdos se agrupan por afinidad en «estirpes»; tienen su propia voluntad y la ejercen para salvaguardar su singularidad: su «cualidad de existencia». Los unos, los «de paso de danza», nunca pueden coincidir con el presente; pertenecen a otro tiempo, a una personalidad anterior del sujeto que memora, a un irrecuperable candor. Levitan luminosos por el aire temporal de la memoria, intermitentemente encendido por la lámpara de la imaginación. Estos «habitantes» son espectros ingrávidos e incorpóreos: «Son como rostros de locos que hace mucho se olvidaron del mundo» (ECP, 45). Son las trazas del niño que, ajenas e imponderables, pasan por la pantalla de la conciencia adulta. Luego están los otros, los de la pesadumbre, los desasosegadores recuerdos de abajo, las pulsiones/pasiones que emergen de las profundidades corporales: «Estos no venían de lugares lejanos ni traían pasos de danza; éstos venían de abajo de la tierra, estaban cargados de remordimientos y reptaban en un ambiente pesado, aún en las horas más luminosas del día» (ECP, 37).

Felisberto rechaza la intelección, la vigilancia razonada, la codificación conceptual de sus recuerdos; cualquier determinación conjuntiva, cualquier articulación narrativa puede ahuyentarlos. Los recuerdos le interesan viviendo su propia existencia (sus ubicuidades, sus simultaneidades, sus encabalgamientos, sus anacronismos), su propia temporalidad, su espacio imaginario, su propio modo de presentación y re-presentación. Concita los recuerdos candorosos, los alígeros, los sedosos, los límpidos, los danzantes, pero es asaltado por los de abajo, los entrañables, los encarnados, los de la espesa mezcla, los reptantes, los revulsivos.

Todo encuentro con la profundidad le resulta frustrante, aterrador. La conciencia, incluso liberada del centinela, de la vigilancia lógico-discursiva, es incapaz de hurgar en las honduras, de alcanzar las raíces del recuerdo; sus dedos rastrean en esas antiguas floraciones, recorren sus enredadas ramazones, tantean extraviados en el agua sin poder auscultar las puntas sumergidas. Palabras y cuerpo son los perturbadores de la recuperación evocadora, ambos imponen las exigencias del mundo externo, impiden, con sus urgencias, rodear de aire y de pasado los recuerdos para que vuelvan a vivir, suprimen el espacio donde se produce el espectáculo de la rememoración. El socio/centinela encarna el yo externo; a pesar de sus imposiciones, es imprescindible: representa el decir y el comer: «Entonces descubrí que mi socio era el mundo. De nada valía que quisiera separarme de él. De él había recibido las comidas y las palabras» (ECP, 44). Un total desdoblamiento es impracticable, sobre todo si se intenta afincar la palabra en las tierras de la memoria. El socio es el intermediario imprescindible para transferir el recuerdo a la escritura. Felisberto puja por dejar los incorporales librados a su propio nomadismo: «...yo me negaba poner mis recuerdos en un cuadriculado de espacio y de tiempo». El socio lo incita a inscribirlos, lo ayuda a formalizarlos, a alinearlos para que pasen por la discursividad, a convertirlos, sometiéndolos a otra coherencia, en expresión textual. La fluencia errática es encausada, las aguas corredoras del recuerdo son envasadas, deben adquirir la forma que les impone el continente narrativo. Pero la escritura, al detentar, detiene, debilita, sólo puede trasvasar un magro botín, no consigue transcribir sino la poquedad, «unos poquitos huesos» del recuerdo, materia muerta, exánimes residuos.

Múltiples son los desdoblamientos que constantemente están desmembrando al yo felisberteano: yo niño y yo hombre, yo que memora y yo que discurre, yo que experimenta y yo que representa. Tales escisiones invalidan el supuesto de un ego unitivo capaz de organizar la diferencia, de contrarrestar la dispersión. También se da neta la disyunción entre imagen y palabra, entre cuerpo y lenguaje: «A mí me costaba sacar las palabras del cuerpo como de un instrumento de fuelles rotos» (NEL, 7). No se trata sólo de la consabida indocilidad de la lengua, de la brecha entre intención y realización comunicativas —«Yo no quería oír el cuento porque me hacía sufrir el esfuerzo de aquel hombre persiguiendo palabras: era como si la estatua se hubiese puesto a manotear las palomas» (NEL, 9)—. Las palabras son también instancias autónomas de asignación indecisa. Dotadas de existencia errabunda, es como si se autoemitiesen. No son atributo de quien las profiere, no están claramente endilgadas a un emisor:

> Por fin aparecían las palabras prometidas —ahora que yo no las esperaba—... Tuve tiempo de pensar en la señora Margarita con palabras que oía dentro de mí y como ahogadas en una almohada...
> Después que ella empezó a hablar, me pareció que su voz también

sonaba dentro de mí como si yo pronunciara sus palabras. Tal vez por eso ahora confundo lo que ella me dijo con lo que yo pensaba... (LH, 69).

El hablante se oye decir palabras que no lo implican; son articuladas por una boca entreabierta que no se identifica por completo con una persona enunciadora del mensaje: «El dijo "ah" con un golpe de voz corto y sorpresivo; detuvo el paso, me miró a la cara y por fin le salieron estas palabras...» (NEL, 14). Las palabras, como animales díscolos, surgen cuando quieren, aisladas o en tropel, contraviniendo la voluntad de quien las pronuncia. Las palabras obran por su cuenta; andan por las bocas, pasan por las voces, atraviesan lugares y tiempos ajenos, asaltan el pensamiento, reclaman significados distintos a los que el usuario les otorga. La cabeza es «como una taberna pobre en medio de una feria» (TM, 57); entran toda clase de palabras, quedan, salen, conversan entre ellas, intrigan, traman, complotan. A veces se reúnen para formar una sentencia, cierran el círculo y concluyen un juicio. Entretanto, el cuerpo hace de las suyas. Los pómulos sonríen independientemente de las palabras que profiere la boca: «...los pómulos, muy apurados, empezaban a hacer una sonrisa; no esperaban a saber si las palabras que la otra boca les echaba encima eran graciosas o no» (TM, 43).

Las partes del rostro pueden concordar o disputar, desmañarse y dispersarse. Las partes del cuerpo actúan con autonomía; los personajes de Felisberto Hernández no pueden comandar ni las funciones controlables. Insumisos, escurridizos, los ojos escapan para donde les da la gana o se echan a llorar por su cuenta; los gestos se instalan por sí mismos; los movimientos cesan o se prolongan automáticamente. Felisberto multiplica las referencias al desacuerdo con su cuerpo:

> Todavía el anciano hacía crujir la escalera de madera con sus pasos pesados cuando yo ya me sentía solo con mi cuerpo. El —mi cuerpo— había atraído hacia sí todas aquellas comidas y todo aquel alcohol como un animal tragando a otros; y ahora tendría que luchar con ellos toda la noche. Lo desnudé completamente y lo hice pasear descalzo por la habitación. (NEL, 20).

Las partes del cuerpo viven su propia vida; obran por separado como si no implicasen el todo. Las manos constituyen apariciones independientes de sus poseedores: «Empezaron a entrar en el mantel nuestros pares de manos: ellas parecían habitantes naturales de la mesa. Yo no podía dejar de pensar en la vida de las manos» (NEL, 17). Las personas no implican totalidades que integren unitariamente las partes de su cuerpo. Los movimientos corporales están registrados como realidades aisladas, como sucesos no necesariamente tributarios de la persona.

La disyunción del yo con cuerpo y pensamiento motiva una larga disquisición en *Tierras de la memoria* (pp. 29-35). El protagonista/narrador confiesa su desconocimiento y desconfianza en ese cuerpo con el cual mantiene relaciones tan cambiantes, alternativamente claras u oscuras, solícitas o desatentas. La felicidad reside en la evasión: los paréntesis en que el cuerpo calla y su habitante puede distraerse librándose a las incitaciones de su fantasía. Felicidad se identifica con falta de apremio, con las visiones en «relantisseur», con lentitud silenciosa. Felicidad es lo incorpóreo, la pura visión, la contemplación desinteresada del pasaje de las imágenes sin profundidad corporal: un puro acaecer que no implica al contemplativo, que no reclama intervención. Felicidad es la visión gratuita, sin busca de finalidad ni de sentido.

El cuerpo no es considerado soporte de los pensamientos; lleva una vida subterránea, mientras ellos, arriba, deliberan por su cuenta y a puertas cerradas. El cuerpo los interrumpe sólo cuando lo aqueja una dolencia. Los pensamientos se resisten a ocuparse de los reclamos del cuerpo; el cuerpo se ve obligado a convertirse en pensamiento para participar en el conciliábulo. Movilizados de mala gana, tienen que buscarle alivio para acallarlo y olvidarlo. Felisberto diferencia dos clases de pensamientos: los cerebrales o calzados y los descalzos, que residen fuera de la cabeza. Cuando la vista es abandonada por la inteligencia, son los pensamientos corporales, subliminales, los que se instalan en los ojos; poseen un especial poder hipnótico, incluso sobre los pensamientos calzados. Mandaderos de la carne, mensajeros de las pulsiones recónditas, son apetentes, perturbadores e imperiosos, representan la confusión de adentro, la entrañable oscuridad, la realidad visceral. Transmutan la inocencia y el encantamiento, la benevolencia y el desinterés de la superficie en pesarosa coacción; todo lo apesadumbran y lo subvierten atrayéndolo hacia la intimidad carnal.

El cuerpo, esa perturbadora pesadez, es para colmo imprescindible; impone una riesgosa convivencia con el yo incorporal, que no puede ni deshacerse de aquél ni descuidarlo. De esta forzosa atención depende no sólo la tranquilidad corporal que el contemplativo necesita, también su propia existencia:

> Yo no podía, en ningún instante desmontarme de mi cuerpo. Esta obligada convivencia me exponía a toda clase de riesgos. Y no sólo no quería deshacerme de él, ni siquiera descuidarlo (si se me moría no tenía la menor esperanza de sobrevivirlo, y si se me enfermaba era demasiado impertinente) sino que además me proporcionaba todas las comodidades para penetrar los misterios hacia donde estaba proyectada

mi imaginación. (Tengo la sospecha de que esta pasión me venía en gran parte de él, lo mismo que todas las violencias a que necesitaba entregarme cuando no estaba contemplativo). (TM, 33).

En tanto que la contemplación implica aquietamiento, placidez, «descuido encantado», entrar en el silencio y en la morosidad, sin compulsión, sin esfuerzo impelente; en tanto que la contemplación es como una expansión gaseosa, desmaterializante, lo corporal se liga al derroche energético, a la iniciativa violenta, al ataque, a la penetración impulsiva, a la desvergüenza y a la bestialidad. El cuerpo se excita y exacerba, compele a la descarga. Ante el piano, es como un tigre cebado que se descontrola destrozando su presa a zarpazo limpio. Cuerpo es sinónimo de exceso, de arrebato inconsciente. Enardecido por las muchachas, acumula una presión sexual que libera sobre el teclado con incontenible vehemencia. El cuerpo se desfoga como puede, transgrediendo siempre las censuras de un yo tan púdico como timorato.

Cuando hay espesamiento, cuando lo corporal, adensándose, tira para abajo, hacia la intimidad material, hacia el mundo de la confusión entrañable, hacia el caos sustancial, hacia la mezcla cósmica, el yo se divorcia, se empeña por permanecer en la superficie, por evitar la caída en la densidad carnal: la disyunción se extrema. El yo se obstina en su abandono, en la blanda espera, en deslizarse mansamente por el «vacío dichoso». Más espectante que actuante, quiere vagabundear flotando en pos de ese «sentido distraído de las cosas». Quiere preservar su superficialidad, que lo dejen coexistir coextensivamente con las palabras, los pensamientos, las imágenes, el cuerpo, los cuerpos, las personas, los objetos, todos como entidades despojadas de su convencional interdependencia, de su adjudicación habitual. Todos, con igual jerarquía, pueden ser alternadamente sujetos u objetos, principales o subordinados, personales o impersonales.

Los personajes hernandeanos no instrumentan el mundo, no son interventores o transformadores de la realidad, no son operadores ejecutivos. Así como los usuarios carecen de pragmatismo, los objetos aparecen exentos de practicidad. Nadie enciende las lámparas, se habita en casas para inundarlas, el balcón se desmorona. Los objetos, antes personalizados, apenas se subordinan a una función utilitaria, su condición de utensilios es ocasional. Despojados del sometimiento instrumental, constituyen presencias enigmáticas, una alteridad psicologizada. Pueden entablar las mismas relaciones que las personas: son manifestantes dotados de expresividad. Los objetos caseros —muebles, puertas, ventanas, ropas, «los seres de la vajilla», los ornamentos— se vuelven agentes sentimentales que actúan por propia determinación y comunican afectivamente con sus utilizadores.

No sólo son testigos de la intimidad de las personas, son los depositarios de secretos. Seres extraños dotados de una existencia misteriosa, se confabulan entre sí para ocultar lo irrevelable:

> Al principio había mirado los objetos distraídamente; después me había interesado por los secretos que tuvieran los objetos en sí mismos; y de pronto ellos me sugerían la posibilidad de ser intermediarios de personas mayores; ellos —o tal vez otros que yo no miraba en ese momento— podrían ser encubridores o estar complicados en actos misteriosos. Entonces me parecía que alguno me hacía una secreta seña para otro, que otro se quedaba quieto haciéndome el disimulado, que otro le devolvía la seña al que lo había acusado primero, hasta que por fin me cansaba, se burlaban, jugaban entendimientos entre ellos y yo quedaba desairado. (ECP, 14).

Acuerdan o discuerdan con las personas, pueden tener más vida que sus dueños, entran en complicidad para admitir o rechazar a sus usuarios. Son tan impenetrables e imprevisibles como los personajes, con quienes se equiparan en rango y en función; unos y otros son actuantes con la misma polivalencia funcional. Los objetos ejercen constante influjo; puede ser benéfico, euforizante: «Todas las composiciones que yo tocaba me parecían nuevas: tenían un colorido, una emoción y hasta un ritmo distinto. En ese momento me daba cuenta que a todo eso contribuían, Irene, todas las cosas de su casa, y especialmente un filete de paño verde que asomaba en la madera del piano donde terminan las teclas» (PI, 51). Una silla puede imponerse, promover un sentimiento de intimidación: «La silla era de la sala y tenía una fuerte personalidad. La curva del respaldo, las patas traseras y su forma general eran de mucho carácter. Tenían una posición seria, severa y concreta. Parecía que miraba para otro lado del que estaba yo y que no se le importaba de mí» (PI, 51). Los cigarrillos dominan al consumidor, influyen sutilmente para que no tome el elegido; escapan al fumador escondiéndose en el fondo de la cajilla o escurriéndose entre sus dedos. Hay objetos agresores: los instrumentos del dentista acechan en la cubeta antes de atacar; el acometimiento no es ejecutado por el manipulador, sino por sus herramientas (TM, 45-46).

Los objetos son singularidades equívocas, perturbadoras, que no se dejan generalizar, integrar en series homólogas, en categorías aquietadas por la adjudicación de un significado estable. Los objetos no se dejan instrumentar, reducir a artefacto gobernado por un operador. Tienen tanto poder de intervención como las personas, son personajes capaces de acciones y pasiones que pueden aliarse u oponerse a las de los otros actuantes. No se resignan a la condición servil de predicados, son tan sujetos, tan individuales como cualquier otra instancia.

La jerarquización de los objetos resalta más por el rebajamiento de los personajes. Los personajes felisberteanos son difusos, no constituyen epicentros psicológicos, personalidades individualizadas por una paulatina acumulación de diferencias; sus rasgos aparecen dispersos, la caracterización se desperdiga entre los acontecimientos. No hay afán de establecer retratos que aseguren una identificación neta y estable. La carencia de nominación es frecuente; la onomástica, paupérrima. Faltan los nombres propios, esos membretes que permiten la distribución y el almacenamiento de los datos relativos a cada actor: una de las viudas, una mujer joven, la mujer de la pared, la mujer que usaba esparcidas las ondas del pelo, el señor del cuento, un joven que tenía algo extraño en la frente, el político, la sobrina: la marca sustituye al nombre y es insuficiente hasta para indicar un prototipo. Escasea el retrato fisonómico y el retrato interior apenas se perfila. No hay una caracterización evolutiva; no se establece una tipología psicológica que asegure una cierta previsibilidad de las conductas. En los relatos de Felisberto, las manifestaciones humanas, al no integrarse caracterológicamente, aparecen como inmediatamente enigmáticas. La individualización es somera porque a Felisberto Hernández no le interesa adensar psicológicamente sus personajes. Para no caer en la falsa profundidad, renuncia a los poderes demiúrgicos del narrador. Los personajes están rodeados de ese «silencio en que se forman los sentimientos y los pensamientos» (LH, 119); se mueven lentamente (la representación está circunscrita a la pura visualidad, al pasaje cinemático por la pantalla plana; todo se aligera, incluso la escritura; es como si también la escritura estuviese insonorizada). Sin un derrotero encaminado, deambulan por una especie de onirismo gaseoso, en un espacio semántico indeterminado, donde son más las omisiones que las indicaciones. El poder de sugestión proviene justamente de una tensión y una atención relajadas.

Los personajes no se constelan, no forman figuras colectivas. Yuxtapuestos, apenas se interceptan. Las conexiones son tangenciales, azarosas, débiles, sin pasión, sin pathos, sin lubricidad, sin atracción poderosa o mezclas entrañables. Los personajes monologan, a veces en dúo: sus raros parlamentos a gatas se enganchan: no hay encadenamiento dialogal. Los diálogos parecen tan abiertos e inciertos como los otros acontecimientos, parecen acciones aisladas que se autoefectúan.

La trama anecdótica —fáctica, causal, sentimental— tiene una urdimbre floja. La historia avanza con laxitud, se atrasa y se dispersa. Felisberto no quiere naturalizar convencionalmente el relato imponiéndole esa componenda discursiva que es la historia, disfrazada de razón de hecho. El único continuo tranquilizador es el lenguaje. Conserva su verosimilitud estructural, sintáctica, su aparente naturalidad. La única previsibilidad de estos textos es la verbal. Con una acción apocada y desanudada, sin complicación de entramado, Felisberto no provoca la intriga, sino la fluencia continua, no el suspenso, sino la suspensión. Nada se sustancia. Felisberto guarda la neutralidad de un discurso terso y tranquilizador, rechaza toda seducción formal, todo virtuosismo verbal (incompatible con la parodia de visión pueril), todo pathos (paroxismo, vehemencia, vorágine, turbulencia, fogosidad, incandescencia). Evita la carnalidad, el espesamiento materializante, la concreción sensual, y a la par impide el ascenso al cógito autosuficiente, repulsa la intromisión de la conciencia imperativa que pretende legislar y legitimar:

> Lo más seguro de todo es que yo no sé cómo hago mis cuentos, porque cada uno de ellos tiene su vida extraña y propia. Pero también sé que viven peleando con la conciencia para evitar los extranjeros que ella les recomienda. («Explicación falsa de mis cuentos», LH 8).

Ni la profundidad visceral de Neruda ni la abstracción trascendental de Borges. Felisberto adopta el estilo plano como vehículo de un candor que no endosa a lo eventual la textura realista. Su humildad (carencia de énfasis, de efectos de intensificación, de oscuridades que connoten hondura), su ignorancia tornan el acaecer imprevisible porque no hay una causalidad preestablecida que determine convenidamente la correspondencia entre estímulo y respuesta. Potencialmente, el acaecer puede dispararse en cualquier sentido. No hay prejuicio, previsión, presentimiento, una intencionalidad vectorial que fuerce al suceder a hilvanarse. Mínimo de determinación causal equivale a mínimo de determinación semántica. Abierto, mudable, disponible, el sentido queda como suspenso, flotante y fluido, expandiéndose como una mancha líquida sobre una superficie horizontal. No hay voluntad de acción ni voluntad de sentido: de ahí esa factualidad volandera a veces casi vacante. Desvalorizada la anécdota, trastocadas las jerarquías, tampoco hay una subversión activa, una explosión del lenguaje, un desarreglo de los sentidos, una alquimia del verbo, una sobrecarga energética, el caos vitalista y orgiástico de los telúricos o los maridajes antipódicos de los surrealistas. Todo sucede sin estruendo, en un medio ingrávido donde los eventos se deslizan sin remonte ni inmersión: «Sin embargo, aquella noche yo era feliz; en aquella ciudad todas las cosas eran lentas, sin ruido y yo iba atravesando, con el anciano, penumbras de reflejos verdosos» (NEL, 14).

Los relatos de Felisberto Hernández transcurren en una zona donde colindan el tiempo llamado real con el mítico. Temporalidad no puntual, continua, extensiva, demorada, como si el tiempo, casi en reposo, no quisiera avanzar ni retroceder. Es un tiempo plano, un tiempo que planea. No arrastra ni el espesor ni el peso de un pasado profundo. Difuminado, el pretérito lejano apenas condiciona el inmediato (carencia de determinación biográfica). Este, al expandirse extensivamente, tampoco moviliza una trayectoria de futuro. Es la suspensión temporal la que provoca el halo o aura felisberteanos.

Felisberto cuenta una casi historia, instala un discurso en el mundo plano de lo que acontece fuera del orden que las proposiciones pretenden coordinar y fuera de lo que es acción o estado sustancial de las cosas. Los relatos de Felisberto se sitúan en la frontera entre lo corporal y lo incorporal. Relatan un acaecer impasible frente al revuelto y pasional espesamiento de uno y frente a la abstracta y categórica razón del otro. Relatan un puro acaecer apenas eslabonado por una causalidad precaria e inconstante, que no cesa de dispersarse. El sentido se vuelca hacia uno y otro lado: hacia la simultaneidad de la materia indócil cuyo devenir desmesurado, embrollado, loco, produce heterogéneas superposiciones; hacia la univocidad del pensamiento conceptual (el del socio/centinela) que delimita, clasifica y mide los posibles, que establece los reposos: cualidades fijas con clara asignación de sujeto y tiempo. Felisberto no se deja atrapar por las mezclas y penetraciones recíprocas de las sustancias ni por la ilusoria identificación de identidades estables. Desbarata la estabilidad semántica; no hay sentido común ni buen sentido: no hay sentido único ni sentido permanente.

De esta equivocidad errática proviene el humor de Felisberto. Su humor procede de la duplicidad, es el ambiguo arte de la superficie, del despliegue plano de los acontecimientos puros. En la superficie, independizados de las afectaciones convenidas, los acontecimientos parecen automotrices, como si estuviesen separados de las personas y las cosas. El humor consiste en permanecer como el niño en superficie, consiste en sustituir el orden conceptual o la consustanciación entrañable por una candorosa mostración.

Posdata: Mi lectura de la obra de Felisberto Hernández es tributaria de las lúcidas disquisiciones que Gilles Deleuze hace sobre profundidad, superficie y altura en su *Logique du sens,* «colección 10/18», Ed. de Minuit, París, 1973. Entre las exégesis de FH merecen destacarse Ida Vitale, «Tierra de la memoria, cielo de tiempo», *Crisis* núm. 18, Buenos Aires, octubre de 1974; y José Pedro Díaz, «F. H.: una conciencia que se rehúsa a la existencia», en Felisberto Hernández, *Tierras de la memoria, op. cit.*

EN EL HUECO VORAZ DE ONETTI

> ... Varias veces, a contar desde la tarde en que desembarcó impensadamente en *Puerto Astillero*, detrás de una mujer gorda cargada con una canasta y una niña dormida, había presentido el hueco voraz de una trampa indefinible. Ahora estaba en la trampa y era incapaz de nombrarla, incapaz de conocer que había viajado, había hecho planes, sonrisas, actos de astucia y paciencia sólo para meterse en ella, para aquietarse en un refugio final desesperanzado y absurdo. (36) *

El astillero epiloga la historia de Justa Larsen (o Juntacadáveres), la decadencia y muerte de un cafishio, de un proxeneta ávido de redención, convertido ilusoria e irrisoriamente en gerente general de una empresa inexistente. Es el fin, el viaje de invierno, la entrada mental y corporal en el acabamiento. El caído, el marginal, el expulsado de Santa María vuelve del irreversible destierro en pos de una reivindicación inalcanzable, de una rotunda revancha que realce el borroso pasado con un final insigne, que revierta la insignificancia en significación. El deseo de imponer una dirección a su vida, de arbitrar su destino, la búsqueda de un sentido, de una finalidad: esa será la trampa que lo condenará definitivamente al extravío, a la arbitrariedad (absurdo negativo), a la sinrazón, al apocamiento, a cobrar conciencia de una existencia determinada por la resta, por la caducidad, por el vaciamiento y la incomunicación, por el continuo, implacable menoscabo de la muerte.

El astillero, «el hueco voraz de una trampa indefinible», equivale a infierno; no sólo consuma la pérdida de sentido de la realidad, sino también la pérdida del sentido de realidad. La realidad ruinosa, miserable, degradante, la intolerable frustración del mundo empírico es suplantada por la farsa, la ficción, por ritos o simula-

---

* Los números entre paréntesis corresponden a las indicaciones de página de Juan Carlos ONETTI: *El astillero,* Compañía General Fabril Editora, Buenos Aires, 1961.

cros fantasmales, por símbolos sin correlato objetivo que, lejos de ocultar el vacío, el anónimo anonadarse (muerte que ahueca las palabras y que hasta los silencios invalida), lo revelan en todo su poder, precipitan al descubrimiento de la inutilidad, de la gratuidad del mundo que los hombres han edificado sobre y contra la nada. Si Santa María (espacio textual y no geográfico) es tierra firme, mundo adverso cuya resistencia incita al desafío, Puerto Astillero está inequívoca y reiteradamente indicado como inexistencia infernal. Los fracasados gerentes de Jeremías Petrus, S. A. que pasan por Santa María no vuelven de un exilio, sino de un ex nihilo:

> Pero este júbilo de sus ojos no era el de retorno de un destierro, o no sólo eso. Miraban como si acabaran de resucitar y como seguros de que el recuerdo de la muerte recién dejada —un recuerdo intransferible, indócil a las palabras y al silencio— era ya para siempre una cualidad de sus almas. No volvían de un lugar determinado, según sus ojos; volvían de haber estado en ninguna parte, en una soledad absoluta y engañosamente poblada por símbolos: la ambición, la seguridad, el tiempo, el poder. Volvían, nunca del todo lúcidos, nunca verdaderamente liberados, de un particular infierno creado con ignorancia por el viejo Petrus. (104)

El astillero es un mundo cerrado, corrosivo, un infierno que envuelve, atrapa, debilita y mata. Expulsado del mundo de los otros, Larsen es confinado en ese agujero, en ese hueco recinto de desaparición que se deshace y lo desintegra: anula sus defensas, invalida sus ardides, agota sus energías, desbarata su cinismo, lo desarma y lo vacía. Míticamente, el astillero representa infierno, microcosmos desprendido, isla desierta, mundo de abajo, disolvente y disoluto, mundo que retrograda a lo elemental-negativo, a lo letal, a la ineluctable descomposición sin regeneración (sin reintegro al ciclo de las transformaciones naturales). No es purgatorio, sino infierno, desagrega, desabriga, desdibuja, desnutre, descoloca, sume en la inanición. Implica condena definitiva, descendimiento hacia lo indiferenciado, hacia el mundo nocturno. Es pozo, sepulcro en vida, y sus moradores, cadáveres vivientes. Allí, las significaciones sociales operan sólo en superficie, pierden sustentáculo y vectorialidad. El astillero anula las motivaciones, las ambiciones, todo se vuelve apagadura, indistinción. La única posibilidad de contrarrestar el vaciamiento es implantar el simulacro, la réplica escenográfica, la fachada del mundo de los otros, completamente invalidado por la pérdida de la textura social, por el desbarajuste de las relaciones interhumanas y de los hombres con el mundo. El tiempo se desmembra en presentes insulares sin prospección. El aislamiento imposibilita el futuro y reifica el pasado, sume en un presente soñoliento, sonámbulo, en una suspensión onírica. Resistir es obstinarse en la simulación, en la réplica

78

degradada del mundo activo, ponerse la máscara de hombre emprendedor. Larsen, consentido por Kunz y por Gálvez ya vencidos, desesperanzados, se empecina en autoilusionarse, se obstina por contagio del influjo profético de Jeremías Petrus, el alucinado, el conductor paranoico que quiere imponer su voluntad, su juego a un mundo refractario, detenido. Inflación proyectiva, desmesura, total falta de sentido de la realidad.

En *El astillero* hay, por lo menos, dos infiernos. Uno, el de la empresa de Petrus, es desmaterializante, incorpóreo, que anubla, difumina, aletarga, abstrae, evapora, es el del simulacro a puertas cerradas con sus rituales vacantes, el de la paulatina inanición, el de la disolución en el vacío. El otro, el del Chamamé, con sus varones y hembras groseros, elementales, genéricos, está ligado con lo corporal entrañable, con sus espesas mezclas, con la crasa materialidad, con la animalidad rastrera, con lo fecal. Para Onetti, esta humanidad primaria, degradada a la indiferenciación de la especie, esta concreta emergencia del mundo de abajo, esta regresión al caos, a la indistinción del comienzo, constituye el máximo grado de castigo, de abyección, de bajeza. Esta promiscuidad, esta confusión excrementicia sería mayor castigo que el de ser esfumado por un abstracto vacío o el de padecer «el imaginado infierno general y llameante» (160).

Tres infiernos —vacío, fuego, caos—, tres versiones que presuponen la noción de una justicia trascendental. Infierno, condena, salvación, no son vocablos impuestos por una lectura abusivamente escatológica; están en el texto. *El astillero* abunda en signos de una religiosidad en busca de su dios, de un insatisfecho anhelo de trascendencia que condena a la frustración, como si no hubiera otra posible fundamentación del sentido de la existencia que la suprahumana. Historia y sociedad son inoperantes para satisfacer la apetencia ontológica de Onetti. Si otorgamos al texto el máximo de intencionalidad semántica, su onomástica se vuelve simbólica. En *El astillero* varios nombres son atravesados por el eje de la religiosidad (en versión degradada). Santa María se llama la ciudad a cuya comunidad, a cuya feligresía quiere reincorporarse el excomulgado Larsen (quizá sea una reminiscencia de Santa María de los Buenos Aires). Jeremías Petrus es el profeta en negativo, el predicador alucinado, imbuido de un misticismo empresario que reclama la total adhesión y que ejerce una fascinación fatídica; es la réplica rebajada del demiurgo:

> ... Friolento, incapaz de indignación y de verdadero asombro, Larsen fue asintiendo en las pausas del discurso inmortal que habían escuchado, esperanzados y agradecidos, meses o años atrás, Gálvez, Kunz, decenas de hombres miserables —desparramados ahora, desaparecidos, muertos

algunos, fantasmas todos— para los cuales las frases lentas, bien pronunciadas, la oferta variable y fascinante, corroboraban la existencia de Dios, de la buena suerte o de la justicia rezagada pero infalible. (33-34)

Angélica Inés es la traslación alienada de la virgen adolescente, que Angel Rama señaló con acierto como constante en la obra de Onetti [1]. Padre e hija comercian con la demencia; no redimen a Larsen, lo enajenan; no posibilitan su ascenso: precipitan su caída. La lectura arquetipal de *El astillero* convierte a Larsen en apóstol de Petrus y a Gálvez en su Judas, el delator que lo traiciona y se suicida porque no puede librarse de la culpa.

Toda la maquinación narrativa de *El astillero* está movilizada por un fátum irremisiblemente adverso. Lo paradójico es que desde el comienzo del relato se anuncia un desenlace trágico que se revela como ineluctable y que el desarrollo confirmará. La acción no sólo está signada por la adversidad sin grandeza, por el empequeñecimiento, sino también por el sin sentido. Larsen es el héroe alter-ego de la narrativa realista; según ella, un hombre equivale a todos los hombres. La peripecia de Larsen nos es directamente extensible. La literatura realista presupone un continuo entre ficción y realidad, donde la realidad es inmediatamente representable y la ficción representativa. Así, causalidad textual y causalidad empírica se equiparan. En la tragedia clásica, el héroe también lucha contra su sino adverso, pero dotado de una envergadura humana que le permite oponer una resistencia operante a los designios divinos; es un titán capaz de enfrentar el fátum cósmico. En *El astillero* se trata de un común mortal contra un mundo denigrante, contra la descomposición que lo rebaja a categoría infrahumana; es un enfrentamiento con la anulación en todas sus manifestaciones. Si hubiese que resumir la acción en relación con sus cuatro polos (virtualidad/actualización, mejoramiento/degradación) diríamos que *El astillero* condena a la virtualidad ilusoria, a «la exasperante, histérica, comedia de trabajo, de empresa, de prosperidad» (32), con carencia total de mejoramiento; condena a la progresión anuladora, a una degradación irreversible. Inscribe un clímax degresivo, disfórico. Lo que es avance en el discurso es retroceso en la historia, presidida por la deflación y la desvalorización.

El *fátum* adverso está señalado insistentemente. Indicado por doquier, desde el comienzo, expresa y alusivamente, denota (ya des-

---

[1] V. Angel RAMA: «Origen de un novelista y de una generación literaria», en *Juan Carlos Onetti*, Serie «Valoración Múltiple», Casa de las Américas, La Habana, 1969, pp. 58 y ss.

de la p. 24, desde la primera entrevista en la glorieta) [2] y connota (invierno, humedad, lluvia, hambre, frío, barro, óxido, maleza, casas decrépitas, vejez, calvicie, utensilios y vestimentas desgastadas) a cada rato el texto. Provoca una restricción del enigma que invalida casi el estímulo del suspenso. Onetti opera una determinación causal y semántica que reduce la amplitud (inestabilidad, plurivalencia, labilidad) del código hermenéutico (aquél que consiste en distinguir los indicios a través de cuya diseminación un enigma se plantea, resuelve o revela) [3]. Hay un desplazamiento de la atención: más que el previsto desenlace interesa la intriga como interacción entre lo factual y su repercusión intelectiva y psicosomática en el protagonista. Se produce una trasposición del enigma narrativo en enigma antropológico que dota al texto de una dimensión filosófico-metafísica. Los avatares de la relación hombre-mundo están acompañados por una reflexión a cargo del narrador o endilgada a los personajes, en la que Onetti explicita sus claves interpretativas y simbólicas. Estos detenimientos de recapacitación, de recapitulación, de autoanálisis, infunden a Larsen un espesor epistemológico, lo proyectan hacia una perspectiva supraindividual, supraempírica, lo vuelven formulador de nuestros interrogantes mayúsculos: sentido, destino, tiempo, muerte, puesto del hombre entre los hombres y en el universo, razones últimas en busca de las causas primeras.

El más neto ejemplo de tales disquisiciones es el diálogo entre Larsen y el doctor Díaz Grey, que entabla una relación especular (reflejo y reflexión) entre el actuante y su lúcido observador. Díaz Grey ocupa ese papel típico de la novela realista: es, por su competencia científica, el garante de la información. Onetti relega en este portavoz suyo la función de destinador autorizado de un mensaje cognoscitivo y concierta una transferencia de conocimiento entre personajes, entre un destinador informado y un destinatario ávido por informarse. El efecto, para acrecentar la ilusión de lo real, tiene que borrar por completo las trazas del autor y del lector, destinador y destinatario reales [4]. Díaz Grey encarna la lucidez objetiva, la ecuanimidad; es el único de los personajes reconciliado con la nada fundamental, con sus días rutinarios y sus noches vacantes, sujetas siempre a la invariable repetición de los mismos actos: combinar solitarios, combinar discos, combinar drogas para dormir. Díaz Grey se refugia en una impasible costumbre, se protege en su cubículo con-

[2] «Luego vino el primer encuentro verdadero, la entrevista en el jardín en que Larsen fue humillado sin propósito y sin saberlo, en que le fue ofrecido un símbolo de humillaciones futuras y de fracaso final, una luz de peligro, una invitación a la renuncia que él fue incapaz de interpretar.» (24)

[3] V. Roland BARTHES: *S/Z*, Ed. du Seuil, París, 1970, p. 26.

[4] V. Philippe HAMON: «Un discours contraint», en *Le discours réaliste, Poétique*, núm. 16, París, 1973, pp. 428 y ss.

certando un mundo previsible, parecidas ceremonias que lo conducen cada noche «al borde de la verdad y de un inevitable aniquilamiento» (verdad y aniquilamiento son para él equivalentes). Parapetado detrás de la indiferencia y de la incredulidad, la aleatoria irrupción de Larsen viene sorpresivamente a confirmar el absurdo universal, la carencia de sentido y de finalidad de la existencia humana:

> Volvió a beber para esconder su alegría y hasta pidió un cigarrillo a Larsen aunque tenía una caja llena encima del escritorio. Pero no deseaba burlarse de nadie, nadie en particular le parecía risible; estaba de pronto alegre, estremecido por un sentimiento desacostumbrado y cálido, humilde, feliz y reconocido porque la vida de los hombres continuaba siendo absurda e inútil y de alguna manera u otra continuaba también enviándole emisarios, gratuitamente, para confirmar su absurdo y su inutilidad. (100)

Díaz Grey considera a Larsen un conmovedor iluso que cree poder desviar la fatalidad anuladora conquistando ventajas a fuerza de dureza y de coraje. Para Onetti, pasión, ambición, bravata, son estímulos vitales: vivir es engañarse, buscar pretextos exaltantes, entusiasmos que carecen de correspondencia concreta con la realidad. Pero todo desafío resulta por fin inoperante contra la definitiva hoquedad, irremisiblemente signada por la muerte. Ni el amor ni la procreación constituyen antídotos o paliativos. Las relaciones eróticas de Larsen son morbosas o de conveniencia; para Larsen la gestación humana es tan abyecta como la animal [5]; el hembraje indiferenciado del Chamamé usa «batas manchadas por vómitos y orines de bebés» (160); el parto de la mujer de Gálvez, representado como monstruosidad, le produce espanto y asco. Larsen y Díaz Grey son célibes. La única relación filial, la de Jeremías Petrus con Angélica Inés, está contaminada de farsa y de locura. Onetti refrendaría la sentencia de Borges: «...los espejos y la cópula son abominables, porque multiplican el número de los hombres».[6]

Para Díaz Grey-Onetti la vida está determinada por una previsibilidad fundamental; es un acaecer sin sentido que no mitiga el vacío y que no modifica el desamparo de la condición humana. Anula toda sorpresa, porque ninguna absuelve de la condena a muerte. El destino es la elección aparente de una conducta que la fatalidad negativa preestablece; simulacro de opción «...sabiendo que nuestra manera de vivir es una frase, capaces de admitirlo, pero no haciéndolo porque cada uno necesita, además, proteger una farsa perso-

---

[5] «Y tal vez, además, ni siquiera pueda encontrar a Díaz Grey; tal vez haya reventado o esté en la colonia ayudándose con un farol a esperar que una vaca o una gringa bruta se resuelva a largar la placenta. Es así de imbécil.» (91)
[6] «Tlön, Uqbar, Orbis Tertius», en *Ficciones*.

nal» (105-106). Maneras de vivir son como maneras de hablar (manera: afectación mimética), obran en superficie, corresponden a la esfera no del ser, sino del parecer. Nadie devela la sinrazón, porque cada uno precisa preservar su farsa. Hombre y mundo son inconciliables; el hombre aplica sobre la realidad su universo de sentido, sus apariencias, crea su ámbito mental, sus procederes, sus avatares, su tesitura significativa como si existiese de hecho una correspondencia entre razón, lenguaje y realidad.[7] Las fisuras momentáneas, las intermitentes vislumbres, los parpadeos de clarividencia o las experiencias limítrofes —desamparo, desgracia, despojo, aislamiento, quebranto— lo confrontan con el gran Cero, con el absurdo que aparece manifiestamente cuando los símbolos-simulacros revelan su carácter ilusorio, fantasmal. De ahí ese desplazamiento en *El astillero* del enigma factual en enigma antropológico. El inevitable designio adverso hace que el interés no resida en la preparación del desenlace, sino en las conductas, en la puesta en situación de los personajes.

Frente a la caducidad, a la invalidez de toda instancia humana, quedan dos actitudes posibles: la una, parapetarse en la farsa y obstinarse en perpetuarla; la otra, entrar en la madurez que es ingreso en la muerte, asumir la lucidez anuladora de toda ilusión y establecer una sucesión de actos maquinales para rellenar el tiempo vacante. Larsen opta por la farsa, Díaz Grey por la clarividencia. El predominio farsesco convierte a la novela en una doble ficción, la una incluida en la otra. La más vasta es la de primer grado: la historia de la vida, pasión y muerte de Justa Larsen (mosaico que se recompone por la yuxtaposición de testimonios de una multiplicidad de narradores-testigos —Onetti y sus intermediarios— a veces inciertos, alternativamente omniscientes, equi y deficientes). Luego existe una ficción de segundo grado que la otra contiene: la historia ilusoria de una ilusión, la farsa del astillero, el empeño en instaurar el vacío ritual de un simulacro de trabajo productivo asentado en la irreversible quiebra, una complicidad falaz, una confabulación de interés económico, de inercia, de piedad, una necesidad.

---

[7] Onetti invalida también la instancia de la palabra. El astillero, es indecible; esta extremada experiencia del no ser es verbalmente intransferible («un recuerdo intransferible, indócil a las palabras y al silencio» [104]). La trampa que atrapa a Larsen es innominable («Ahora estaba en la trampa y era incapaz de nombrarla...» [36]). El astillero divorcia al signo de la cosa significada, las palabras no relacionan con el mundo («Todas las palabras, incluyendo las sucias, las amenazantes y las orgullosas, eran olvidadas apenas terminaban de sonar.» [42]). Las palabras se vuelven significantes sin significado («temas de sonido prestigioso y que muy probablemente no aludieran a nada: alternativas de la balanza de pagos, límites actuales de la comprensión de calderas.» [46]). La palabra no permite comunicarse; ni comunicar el mundo ni comunicar con otros hombres.

La farsa comporta también distintos grados de autosugestión. El máximo se da en el discurso demencial de Jeremías Petrus, activado alucinadamente por su paranoia: *autosugestión permanente*. En Larsen hay una vacilación, una inestable alternancia entre lucidez depresiva y exaltación engañosa; por momentos se contagia de «la locura infecciosa del viejo Petrus»; «su mantenida voluntad de suponer un centenar fantasma de obreros y empleados» (140) lo cautiva y parafrasea las profecías optimistas cada vez más vanas, más inconsistentes: *autosugestión intermitente*. Luego está la desilusión pasiva o *autosugestión inerte* de Gálvez y de Kunz, de los apagados, los vencidos, los que intervienen en la farsa sólo como figurantes. El astillero es por fin el único sustentáculo de estas vidas; desenmascarar la farsa comportará la muerte de Gálvez y de Larsen, la definitiva ruina de la empresa, el desmoronamiento del astillero.

Vivir implica la empeñosa asunción de la farsa, tener pretextos para engañarse, estar estimulado, dar forma a la pasión, dar lugar a la bravata, encausarlas para confabularse, para participar en la fabulación. Así cavila Larsen en la última entrevista con Petrus:

> «Por qué esto y no otra cosa, cualquiera. Da lo mismo. Por qué él y yo, y no otros dos hombres. Está preso, concluido, y la calavera blanca y amarilla me está diciendo con cada arruga que ya no hay pretextos para engañarse, para vivir, para ninguna forma de pasión o de bravata.» (190).

Los pretextos de Larsen, los movilizadores de la acción narrativa, son su afán de reivindicación, el desafío, el desquite: volver a imponer su presencia en la odiada Santa María, el anhelo de culminar con un súbito ascenso social y económico. *El astillero* relata «las alternativas del combate entre Larsen y la miseria, con sus triunfos y sus fracasos en la interminable, indecisa lucha por cuellos duros y limpios, pantalones sin brillo, pañuelos blancos y planchados, por caras, sonrisas y muecas que traslucieran la confianza, la paz de espíritu, aquella grosera complacencia que sólo puede procrear la riqueza» (58). Combate perdido, invalidado de antemano por el envejecimiento de Larsen, por la convicción de que se acerca el fin, por la conciencia de su caducidad y la aceptación de su incredulidad. Y la farsa, impotente el autoengaño, se vuelve insostenible.

Hay una farsa generalizada que es inherente al vivir y hay una doble farsa particularizada por esta novela: la farsa laboral y la farsa amorosa. La primera consiste en asumir la gerencia ilusoria de una empresa en quiebra, en ocupar un despacho e instaurar los atributos exteriores de un rango ficticio, en adoptar el estilo, el lenguaje y los gestos adecuados al papel. La segunda corresponde al idilio sonámbulo con Angélica Inés, al ritual de la glorieta, a la ficción galante de cortejar una débil mental. Para cautivarla, Larsen adopta la máscara del joven triunfador: «Sonreía sin sombra de resignación al llegar a la glorieta, cincuenta metros después del portón: él era la juventud y su fe, era el que se labra o abre un porvenir, el que construye un mañana más venturoso, el que sueña y realiza, el inmortal» (48). El galán en decadencia necesita conservar su aureola de mujeriego, de seductor avezado, necesita su dosis de ensueño y de sublimación, necesita «reconquistar y conservar tortuosamente un prestigio romántico e inconcreto en el jardín blanqueado de estatuas, en la glorieta que atravesaban despiadados el frío y los ladridos, en los silencios inquebrantables a los que había regresado definitivamente» (149).

Ambos mitos, ambas ficciones, la laboral y la amorosa, tienen por teatro dos lugares paradigmáticos: astillero y glorieta. Astillero y glorieta están signados por la repetición de un modelo que parece instaurado *in illo tempore;* cada uno representa un escenario, un protocolo, una máscara. En estos espacios diferenciados se entra a un tiempo circular sin avance; no al tiempo del eterno retorno natural, aquél que posibilita la comunión, la conciliación plenaria, recuperar la completud primordial, sino a una circulación vacía, degradante y reificadora. Astillero y glorieta tienen sólo consistencia onírica, se vuelven pesadillas. El repetido encuentro crepuscular de la glorieta a idéntica hora «Era cada vez, y cada vez más descorazonador, como soñar un viejo sueño. Y ya, al final, como escuchar cada tarde el relato de un mismo sueño, dicho con idénticas palabras, por una voz invariable y obcecada» (163-164). Es tal la espectral abstracción producida por la farsa que la carta de Gálvez a Larsen, la única recibida por el hipotético gerente general de Petrus, S. A., se convierte en prueba irrefutable de la existencia del astillero.[8] El astillero es ninguna parte.

_____

[8] El espacio de *El astillero* presupone tres mundos: un afuera incierto, Santa María y Puerto Astillero (que a su vez incluye tres ámbitos que determinan tres máscaras y tres juegos escénicos: astillero, glorieta y casilla). Según la convención establecida por el texto, el grado de realidad aumenta a medida que nos alejamos de Puerto Astillero; contrariamente, el grado de indicación y de gravitación semánticas aumentan a medida que nos aproximamos. El indeterminado afuera es un entorno señalado por una diseminación de índices geográficos, paradójicamente reales; allí pasó su destierro Larsen, allí transcurrió su pasado brumoso, allí sucedió su errabundaje sin asentamiento, de allí viene en el momento de ingresar a la narración y allí vuelve, nuevamente expulsado, para morir. Ese mundo exterior representa vagamente el país, un espacio no circunscripto ni descripto, extensivo, nebuloso. Santa María es un microcosmos, supuesta réplica del macrocosmos que la involucra. Ciudad provinciana, semirrural, prototípica, está dotada de todos los requisitos para volverla verosímil; múltiples referencias topológicas contribuyen a su veracidad: puerto, centro, plaza con estatua ecuestre del fundador, calles, comisaría, jefatura de policía, suburbios bares, hoteles, comercios, vías de comunicación. Figura el mundo

La farsa presupone una dicotomía, implica una oposición entre realidad e ilusión, o sea, la antítesis ser/parecer, rostro/máscara, autenticidad/inautenticidad, ser profundo/ser superficial. Optar por la farsa significa desechar las evidencias tangibles (fracaso, humillación, decadencia, pobreza, hambre) y asumir los símbolos ilusorios (éxito, opulencia, poder, amor intenso, notabilidad). La perdición de Larsen se debe a que desoye los anuncios concretos, corporales, incontrovertibles; famélico, se obstina en ayunar entre quimeras.

Onetti multiplica las referencias a los dos rostros humanos: el exterior, el público, el estereotipo impuesto por la función social, y el escondido rostro original, la desnudez del comienzo que sólo se devela en soledad o que aflora con la muerte prematura, la cara primera, la dada y no la hecha, la sosegada, la cara «limpia de la triste, movediza preocupación de vivir» (122). La máscara es la careta de empresario ejecutivo que se pone Larsen o la de guapo o la de amador galante; máscara es el disfraz de mujer con que Angélica Inés irrumpe en el despacho de Larsen («Siempre la disfrazaban de chiquilina, la madre, la tía, la costumbre; esa tarde estaba disfrazada de mujer, con un largo vestido negro que transparentaba la ropa interior, enagua o lo que fuera, con zapatos de tacos altísimos...» (146). La vejez fija definitivamente la máscara, la fosiliza en rictus rígido y arrugado, como la que exhibe Jeremías Petrus sobre su «cabeza de momia de mono que se apoyaba sin peso en las almohadas» (112). El verdadero rostro reaparece esporádicamente, tal vez durante el sueño, o en circunstancias reveladoras, como cuando Larsen desciende por última vez a Santa María para despedirse. Renuncia a vengarse de Gálvez, depone sus urgencias, admite su fracaso y, liberado de la compulsión de su ambicioso proyecto, recobra «la calidad juvenil de sus movimientos, de su andar, de la provocación y la seguridad distraída de sus miradas y sus sonrisas». Sólo una vez muerto, Gálvez se desenmascara, exterioriza la cara de abajo: «Ahora sí que tiene una seriedad de hombre verdadero, una dureza, un resplandor que no se hubiera atrevido a mostrarle a la vida» (204).

La noción de farsa se liga y superpone con la de juego. Por un lado implica imitación, juego escénico: interpretar un papel, representar la comedia, asumir la complicidad que impone la ficción teatral, ser alternativamente actor y espectador de los otros comedian-

---

de los otros, la normalidad estatuida, el cuerpo social estructurado según el patrón nacional. En Puerto Astillero hasta el nombre designa una ficción, una inexistencia; teatro del fingimiento, en él sólo lo ruinoso y miserable tiene concreción material. Pero, por relación contextual, sabemos que también Santa María resulta de una onirogénesis. En La vida breve asistimos a su concepción; al comienzo del capítulo segundo, Brausen, el protagonista-relator, inventa simultáneamente a Díaz Grey y a Santa María, dos fantasmas de Onetti.

tes. Por otra parte, juego significa entretenimiento; operar lúdicamente es operar desinteresadamente, desembarazarse de las restricciones de lo real empírico. En Onetti ambas implicaciones intervienen activamente pero con signo negativo: el juego escénico se pervierte, deviene absurda y destructiva mascarada; la diversión liberadora se vuelve jugarreta, delirio, manía; acrecienta a tal extremo su divorcio con la realidad que trastorna hasta enloquecer. Petrus es el jugador cabal, no le importa la ganancia, sino perpetuar el juego. Conoce por acumulada experiencia todas las jugadas, no tiene miedo de perder, está dispuesto a apostar todo: «Desde hace muchos años atrás había dejado de creer en las ganancias del juego; creería, hasta la muerte, violento y jubiloso, en el juego, en la mentira acordada, en el olvido» (116). Larsen juega primero para ganar, para cambiar de suerte; perturbado por el apuro, por el miedo, no puede maniobrar impasiblemente, es un sentimental que finge distante frialdad. Pronto descubre que el fracaso está prescrito y se obstina en encubrir con el juego la evidencia, en postergarla. Esta ficción escenificada a diario con Kunz y con Gálvez, compartida con otros cómplices, se superpone por completo a la realidad, se vuelve aberración, factor de locura. Gálvez y Kunz están más alienados o son aún más farsantes; no creen en la pasada prosperidad del astillero, en lo que palpan, en lo que hacen, pero todos los días vuelven a intervenir en el simulacro de trabajo empresario, porque para ellos el juego es más verdadero que el ámbito ruinoso, destartalado donde transcurre, más verdadero que el óxido y la podredumbre. «Y si ellos están locos, es forzoso que yo esté loco. Porque yo podía jugar a mi juego porque lo estaba haciendo en soledad; pero si ellos, otros, me acompañan, el juego es lo serio, se transforma en lo real. Aceptarlo así —yo que lo jugaba porque era juego— es aceptar la locura» (62).

Larsen es el protagonista conflictivo de la narrativa realista, con la conciencia escindida por el infranqueable abismo entre deseo ilusorio y realidad deprimente. Psicologizada, la relación hombre/mundo, el conflicto dramático que impulsa la acción narrativa, se convierte en puja irresoluta entre locura quimérica y cordura nihilista. Los intervalos de insoportable lucidez consisten en cobrar conciencia de la desolación, en salir de la farsa y verla en su verdadera condición alucinadora: «Era como estarse espiando, como verse lejos y desde hace muchos años antes, gordo, obsesionado, metido en horas de la mañana en una oficina arruinada e inverosímil, jugando a leer historias críticas de naufragios evitados, de millones a ganar... como si estuviera inventando un imposible Larsen, como si pudiera señalarlo con el dedo y censurar la aberracción» (61). La farsa aterra porque, desvinculándose de sus partícipes, se vuelve mecanismo autónomo librado a su endemoniada dinámica: «Era el miedo de la farsa, ahora emancipada, el miedo ante el primer aviso cierto de que el juego se había hecho independiente de él, de Petrus, de todos los que habían estado jugando seguros de que lo hacían por susto y de que bastaba decir que no para que el juego cesara» (168). La maquinería montada con la complicidad de los jugadores se hipertrofia, se vuelve hipóstasis demencial y los aplasta. La farsa acarrea la muerte de Larsen y de Gálvez, porque fuera de la farsa no hay sino «olor de ratas y fracaso», porque salirse de la farsa es entrar en los dominios de la muerte: «En la casilla sucia y fría, bebiendo sin emborracharse frente a la indiferencia del gerente administrativo, Larsen sintió el espanto de la lucidez. Fuera de la farsa que había aceptado literalmente como un empleo no había más que el invierno, la vejez, el no tener donde ir, la misma posibilidad de muerte» (88).

En su papel de observador neutral, imbuido de objetividad científica, Díaz Grey (un alter ego de Onetti) da su diagnóstico incontrovertible: locura infernal de Jeremías Petrus, tara incurable de Angélica Inés. Díaz Grey provoca la máxima deflación farsesca, el máximo distanciamiento entre el simulacro mentiroso y la realidad cada vez más restrictiva, cada vez más denigrante. La oposición se vuelve extremadamente inconciliable. Larsen sufre el máximo desmembramiento entre la ilusión que encubre un mundo ineluctablemente caduco (astillero y glorieta) y la realidad que se reduce a resabios de vida degradada hasta lo abyecto (casilla, Chamamé, pieza de Josefina). A pesar de las evidencias adversas, Larsen persiste en la farsa, en aferrarse a cumplir un designio irrealizable. Aunque con la farsa nada consiguió: ni ingresar a la casa de los pilares («un cielo ambicionado, prometido»), ni reactivar el astillero, ni heredar de Petrus su dominio,[9] decide ignorar la muerte de Gálvez, su denuncia del título falso, el desbarajuste postrero que invalida el juego escénico. De regreso a Puerto Astillero, la lucidez anuladora de toda ilusión, pasión, bravata, pretexto, impone sus evidencias: soledad definitiva, imposibilidad de elección. No queda sitio ni para el orgullo ni para la vergüenza, la memoria se deslíe, cesan las urgencias, la tensión se relaja, la conciencia se vacía. Larsen acata la convicción de estar muerto:

> ... Fue entonces que aceptó sin reparos la convicción de estar muerto. Estuvo con el vientre apoyado en la pileta, terminando de secarse los dedos y la nuca, curioso pero en paz, despreocupado de fechas, adivinando las cosas que haría para ocupar el tiempo hasta el final, hasta el día remoto en que su muerte dejara de ser un suceso privado... Estaba

---

9 V. Ximena MORENO ALISTE: *Origen y sentido de la farsa en la obra de Juan Carlos Onetti*, Centre de Recherches Latinoaméricaines, Université de Poitiers, Poitiers, 1973, p. 79.

> desprovisto de pasado y sabiendo que los actos que constituirían el
> inevitable futuro podían ser cumplidos, indistintamente, por él o por
> otro. Estaba feliz y esta felicidad era inservible... (208)

En todo Onetti está presente la oposición, la incompatibilidad entre farsa inconsistente y lucidez devastadora. Madurez significa acatar el absurdo y el vacío, instaurar una sucesión de actos maquinales para rellenar el pozo. Madurez equivale a anonimato, al desmantelamiento de ese proyecto trabajosamente elaborado que es la personalidad individual. Madurez implica la anulación de toda verticalidad ascendente, es sumirse en la indiferenciación del tiempo horizontal. Madurez significa conformarse con la insignificancia, con la poquedad, con la inutilidad de todo acto: «Lo único que queda para hacer es precisamente eso: cualquier cosa, hacer una cosa detrás de otra, sin interés, sin sentido... Una cosa y otra y otra cosa, sin que importe que salgan bien o mal, sin que no importe qué quieren decir» (78). Indiferencia ante un quehacer meramente consecutivo, cuyo progreso es sólo progresión numérica. El futuro no es más que acabamiento.

Para Onetti no hay posibilidad de elección. Todo acto está de antemano prescrito por una fatalidad que lo automatiza, lo vacía de adhesión y de sentido. La sucesión maquinal provoca un constante desdoblamiento reificador, reduce la conciencia a la condición de espectadora de un alter ego que actúa sin integrarla. Entonces los actos humanos aparecen como energías independientes del sujeto, como determinadores autónomos en busca de un ejecutor:

> Larsen supo en seguida qué debía hacer. Tal vez lo hubiera estado
> sabiendo antes de que llegara la carta o, por lo menos, estuvo conte-
> niendo como semillas los actos que ahora podía prever y estaba conde-
> nado a cumplir. Como si fuera cierto que todo acto humano nace
> antes de ser cometido, preexiste a su encuentro con un ejecutor variable.
> Sabía que era necesario e inevitable hacer. Pero no le importaba des-
> cubrir el por qué... (180)

Actos ajenos o actos vacuos condenan a un automatismo mecánico sin participación integral de la conciencia. Actos ineluctablemente decididos por una causalidad extranjera a la persona o un quehacer deshabitado, desmunido de finalidad, de significación profunda: todo es resta, preanuncio de esa muerte tan insistentemente indicada por los textos de Onetti.

Larsen acepta la convicción de estar muerto. Josefina le ofrece la solidaridad de los pobres, la fraternidad elemental, el vínculo carnal «profundo y espeso». Larsen quema el contrato de Petrus, se hace desnudar y exige a Josefina una entrega silenciosa. El acoplamiento los vuelve idénticos, anónimos, el hombre y la mujer genéricos; los devuelve a la indiferenciación de la especie, a la noche de los cuerpos, a la espesura de confusas mezclas, donde el principio masculino y el femenino, amalgamados, establecen sus oscuras transferencias. La mujer lo despersonaliza, lo torna todos o nadie, lo convierte en ninguno. Larsen accede al perfecto sosiego, a la soledad ausente del no ser.

¿Puede filiarse *El astillero* como novela existencialista? *El astillero* es ante todo una ficción narrativa, no ilustra ninguna doctrina filosófica, pero puede involucrarla transfigurándola en imagen estética. Relata una existencia sumergida en el abismo de la nada, la de un ser en soledad cada vez más absoluta e incompartible, sujeto a una doble carencia originaria que lo condiciona negativamente: la imposibilidad de hallar un principio de razón suficiente y la irreversibilidad de un tiempo signado por la merma. Las probabilidades de dotar de sentido positivo a su vivir le están vedadas: un trabajo que le permita mancomunarse productivamente con la comunidad o una adecuada inserción en la historia colectiva, en la historia con perspectiva de futuro. Carece de la posibilidad concreta de proyectar; carece de la posibilidad de trascendencia, de ese sentido teleológico capaz de infundir significación al presente y al pasado; carece de una dirección que pueda transformar su temporalidad en valor histórico, suprapersonal, que pueda convertir al ser individual en colectivo. [10]

Si la existencia, en su precario condicionamiento temporal, no puede elegir su propio camino porque aparece como impuesto en el ser único, en el ser dado, es imposible impedir la pérdida de sentido de la existencia y del ser. Larsen se siente desmantelado, anulado por el divorcio entre existencia y razón, por la sinrazón de la existencia, asolado por la experiencia de la tierra de nadie, absurdamente colocado entre lo finito de la existencia y una eternidad ajena, vacante, inhabitable:

> Ni siquiera hablaba para un eco. El viento descendía en suaves remolinos y entraba ancho, sin prisas, por un costado del galpón. Todas las palabras, incluyendo las sucias, las amenazantes y las orgullosas, eran olvidadas apenas terminaban de sonar. No había nada más, desde siem-

---

[10] Esta lectura ideológica se complementaría con una referencial. Saltan a la vista las conexiones de *El Astillero* con el contexto uruguayo. Larsen está condenado a la condición mítica porque el sueño empresario de Jeremías Petrus es impracticable en un país de precario desarrollo industrial, condenado a su vez a la categoría colonial de proveedor de materias primas. Petrus, el extranjero emprendedor que viene a hacerse la América, busca una imposible inserción en el circuito del gran comercio internacional, imposible por la carencia de infraestructura y por la marginación impuesta a los países subdesarrollados. Todo el libro baña en una atmósfera de crisis no sólo moral sino también económica.

pre y para la eternidad, que el ángulo altísimo del techo, las costras de orín, toneladas de hierro, la ceguera de los yugos creciendo y enredándose. Tolerado, pasajero, ajeno, también estaba él en el centro del galpón, impotente y absurdamente inmóvil, como un insecto oscuro que agitara patas y antenas en el aire de leyenda, de peripecias marítimas, de labores desvanecidas, de invierno. (42)

El ser de la existencia se revela como ser para la muerte. La experiencia en carne viva de la negación y la ilusoria voluntad de superarla son generadoras de angustia. La necesidad y la imposibilidad de ser, de acceder a la unidad, de trascender imponen una visión nihilista. [11] Ante la nada que anonada, Larsen alterna entre una inoperante voluntad de poder y el vacío existencial, sin comunicación ni comunión. La nada lo anula, pone entre paréntesis el mundo, hace que su ser se manifieste despojada y desnudamente como ser anonadado, hace que su existencia aparezca como lugar y tiempo de su autodestrucción. Su destino es empedernidamente negativo.

No hay salida o la salida es escribir *El astillero,* resolver la discordancia, el sin sentido, la enarmonía en imagen estética, en representación orgánica, dar a la insoluble tragedia, a la oposición de inconciliables una resolución formal. Ante la fundamental carencia ontológica, Onetti responde productiva, constructivamente; inscribe una acción textual que constituye un antídoto contra la omnipotencia de la nada.

Paradójicamente, *El astillero* es una comunicación sobre la incomunicación. Pero, si un mensaje sobre la incomunicación es comunicado, implica una merma de esa incomunicación.

El astillero es una novela, una ficción narrativa. No es la alegoría de una especulación filosófica. Es una figuración simbólica, es historia, es mito, es fábula, es metáfora. Es una plurívoca urdimbre de signos en claves reveladas y ocultas, un criptograma que permite múltiples desciframientos.

---

[11] El texto entabla una relación especular entre tres visiones que se confrontan y se influyen: *a)* la visión inflacionista, eufórica de Jeremías Petrus, cuyo desmedido optimismo es factor de fracaso; *b)* la visión cínica, oportunista, de un pragmatismo contravenido por la sentimentalidad, la apetencia de aprecio, de reivindicación, de fraternidad; es la visión conflictiva, inestable de Larsen, que alternativamente se engaña y se desengaña frente a la empedernida alucinación de Petrus; *c)* la visión nihilista, sensible, objetiva y pasiva de Díaz Grey; coincidente con la de Onetti, termina por dominar en la novela. La interacción entre las tres visiones provoca una inestabilidad que indica la multivalencia del signo hombre y de su plurívoca realidad.

EL SALTO POR EL OJO DE LA AGUJA

(Conocimiento de y por la poesía)

Abordar epistemológicamente la poesía de César Vallejo desencadena una problemática compleja; implica dirimir una cuestión crucial que concierne a toda obra poética: la relación entre poesía y conocimiento. Los interrogantes se multiplican: ¿qué y cómo significa la poesía?, ¿puede ser la poesía vehículo de conocimiento propiamente dicho?, ¿en qué medida la poesía puede aportar conocimiento válido sobre lo extrapoético?, ¿cómo se da este conocimiento dentro de la plurivalente trama semántica del poema?, ¿cómo separar de esa multivalencia un conocimiento pertinente sobre la realidad exterior al poema?, ¿puede considerarse la poesía un medio idóneo para establecer un conocimiento verdadero?, ¿cuál es la relación entre poesía y verdad?, ¿quién valida, quién verifica el conocimiento poético?, ¿cuál es la especificidad del conocimiento poético?, ¿cómo opera el conocimiento a través del signo poético?, ¿cuál es el vínculo del poema con los discursos propiamente cognoscitivos?, ¿es la poesía un sucedáneo o un complemento de la ciencia y la filosofía?

Resulta casi un lugar común afirmar que Vallejo es un poeta realista —por supuesto, el suyo es un realismo actualizado, desembarazado de las limitaciones de la reproducción naturalista decimonónica—; [1] coincidimos en que Vallejo nos comunica sin idealización, sin ensoñación evasiva, sin afán ni armonizador ni enaltecedor (es decir, desrealizantes) una constancia veraz de su experiencia vital; hemos convenido que su representación del mundo es concomitante de la visión que postulan la ciencia y la filosofía contemporáneas, [2] que Vallejo a través de signos sensibles, de una figuración simbólica, de imágenes cargadas de resonancias afectivas, de una singular

---

[1] V. «Vallejo, realista y arbitrario» en S. YURKIEVICH: *Fundadores de la nueva poesía latinoamericana,* Barral Editores, Barcelona, 1971, pp. 11 y ss.
[2] V. «En torno de Trilce», *op. cit.,* pp. 15 y ss.

conformación verbal que singulariza la percepción del mensaje, nos propone una metáfora epistemológica, una transcripción personal de la realidad.

El mundo está aquí significado traslaticiamente, está sobre todo connotado por las imágenes, aludido por los símbolos, está como sentido segundo, como término de referencia. Puede no aparecer en superficie, en el decir directo, pero sirve de soporte a las asociaciones concitadas. La realidad es recuperable en el discurso poético de Vallejo. Pero no podemos traducir lo referencial del poema a axiomas cognoscitivos sin perder por completo ese valor básico del mensaje *Trilce* o *Poemas humanos* que es el significado específicamente poético. Operar esa reducción es violentar lo que el poema comunica cercenándolo, es resumirlo a escoria.

Vallejo transcribe una peculiar versión del mundo que implica cierto conocimiento de la realidad. Si no aclaramos cómo se vinculan la singularidad, la anormalidad, la personalización, la tendencia a la autonomía del lenguaje poético con la generalidad, la univocidad, la objetividad de los significados cognoscitivos, permaneceremos en la confusión y la contradicción.

Para Vallejo, en su poesía, verdad equivale a evidencia sentimental, donde ideas y actitudes son inseparables; verdad es no sólo atenerse a los hechos, es una constancia de la afectividad; convicción se liga con sensibilidad, intelecto con pasión, percepción con sensualidad. Vallejo transcribe su realidad, los hechos no discriminados jerárquicamente, su acaecer total, sin delimitación entre lo exterior-objetivo y lo interior-subjetivo, sus acontecimientos no sujetos a clasificación categorial, su cotidiano vivir en bloque y en bruto, donde la máxima concreción material está dada por su inmediatez fisiológica, por la instancia más palpable, más presente y pesante: su propio cuerpo.

Trilce es una especie de estenografía psíquica (aunque muy formalizada) que inscribe un decurso accidentado, un devenir que es a menudo un devaneo, un proceso no concertante sino desconcertante, donde todo se agolpa simultáneamente. Es un bullente atolladero, un atolondramiento donde estelas de distintos discursos convergen, se interfieren e interpenetran, como en el flujo de una conciencia errática que entremezcla órdenes, referencia, tiempos y espacios distintos. Estamos lejos del pensamiento discursivo, del desarrollo lineal, del sintagma que se despliega gradualmente, del conocimiento progresivo según las articulaciones de la lógica clásica, de la mesurada sabiduría del humanismo tradicional. Vallejo pertenece a nuestro mundo presidido por la idea de relatividad, simultaneidad, inestabilidad, heterogeneidad, fragmentación, discontinuidad e interpretación: [3]

> ¡Cuatro conciencias
> simultáneas enrédanse en la mía!
> ¡Si vierais cómo ese movimiento
> apenas cabe ahora en mi conciencia!
>
> *(¡Cuatro conciencias...)*

Su poesía registra la realidad tal como la experimenta una subjetividad hipersensible, hiperafectiva y hasta estimuladamente neuropática. Una intelección aguda, capaz de abstraer de la situación inmediata, individual, una proyección genérica y de dotar a la circunstancia puntual, biográfica, anecdótica, de una dimensión suprapersonal, filosófica, se combinan en Vallejo con el máximo de personalización atribulada, con la extrema arbitrariedad (asociaciones subjetivas de sentido, indescifrables para el lector que ignora los estímulos circunstanciales que las motivaron), con la suma singularización estilística, con el tope de ideolecto, de anormalidad.

Vallejo es un poeta vanguardista. La vanguardia instaura la ruptura de la tradición, la tradición de la ruptura, ruptura de todos los continuos: lógico, tonal, temporal, espacial, causal, lingüístico, ruptura de los criterios de semejanza y diferenciación, de los de clasificación y jerarquización, ruptura de todos los absolutos concebibles. La vanguardia descalabra la normalidad y la normativa burguesas. Disociación, enarmonía, entropía, tensión disonante, conciencia conflictiva, irracionalismo se oponen a la razón positivista, pragmática, o al orden preconizado por el espiritualismo idealista, partidario de la cordura armónica, de la belleza sujeta a mesurado equilibrio, de la catarsis edificante promovida por la pureza formal y la elevación temática.

La poesía de Vallejo, como aquélla de los mejores exponentes de la vanguardia, es accidentada, plurifocal, excéntrica, aleatoria, lúdica, afeadora, perturbadora, sorpresiva, enrarecedora, imprevisible. Vallejo desconcierta, desatina, descoloca, disloca, desvela, desasosiega, importuna.

Cuando se lo interpreta, cuando se intenta descifrarlo trasladando su poesía a discurso crítico, cuando se quiere aumentar por vía hermenéutica su inteligibilidad, no se puede restablecerle impositivamente la normalidad (o sea, la elocución admitida y exigida por el consenso mayoritario), reducir su compleja plurivalencia es una paráfrasis que traduzca el maremágnum a puros juicios de conoci-

---

[3] V. Haroldo DE CAMPOS: «Comunicaçao na poesia de vanguarda», en *A arte no horizonte do provável*, Editora Perspectiva, São Paulo, 1969, pp. 131 y siguientes.

miento, no se puede saltar encima de la incongruencia sugestiva, de
los contrasentidos, contravenciones, distorsiones, inversiones, revul-
siones y violaciones verbales para simplificarlos coercitivamente en
significados claros, verificables en el extratexto. El mensaje poético
es aquí todo, es la totalidad de los signos portadores de la imagen
estética e importados por ella:

> y si vi, que me escuchen, pues, en bloque,
> si toqué esta mecánica, que vean
> lentamente,
> despacio, vorazmente, mis tinieblas.
>
> *(Panteón)*

Todo conocimiento que desborde el poema, que no se refiera a
lo intrínsecamente poético, pasa por la formalización que lo involucra, está como en estado de suspensión. Si el mensaje poético contiene conocimiento relativo a lo que existe fuera del universo autónomo del poema, ese conocimiento está imbricado en un contexto
cuya función es preeminentemente estética y que exige una determinada actitud receptiva. El poema reclama una entrega que acepte
el carácter y el placer de la experiencia poética, que admita ese convenio literario que presupone un condicionamiento perceptivo, una
cierta forma de ilusión, un tratamiento lingüístico especial, distinto
del discurso natural. Ese conocimiento de alcance extrapoético no
puede desprenderse de la estructura integral del poema; está inserto
dentro de un montaje verbal específico y sujeto a la peculiar funcionalidad poética. Se trata de un conocimiento dentro de la forma
artística, no traducible a otros términos que los artísticos. No es
pertinente restringir el significado de una obra de arte a los conocimientos que pueda contener, no se puede condensar su contenido
en aserciones axiomáticas. Los conocimientos portados por el lenguaje artístico son inseparables de la experiencia viva, global (no
analítica) con que los captamos, deben aprehenderse y verificarse desde dentro del signo estético tomado como integridad independiente. [4] La verificación no puede pasar por alto el signo poema y res-
tringirlo a meros significados conceptuales. No puede reducir el complejo imaginativo-afectivo-sensorial-intelectivo a conceptos claros y
distintos:

> ... Ah doctores de las salas, hombres de las esencias, prójimos de las
> bases! Pido se me deje con mi tumor de conciencia, con mi irritada lepra
> sensitiva, ocurra lo que ocurra, aunque me muera! Dejadme doler, si lo

---

[4] V. Piero RAFFA: *Vanguardismo y realismo*, Cap. VII, «Sobre el concepto
de realismo artístico», Ediciones de Cultura Popular, Barcelona, 1968, pp. 271
y siguientes.

queréis, más dejadme despierto de sueño, con todo el universo metido, aunque fuese a las malas, en mi temperatura polvorosa.

(Las ventanas se han estremecido...)

Las palabras están sujetas a una interacción, coaligadas por un diseño verbal que las integra en poema. Están activadas por una irradiación recíproca. Son lo que objetivamente significan más todas las resonancias que ellas promueven, más todas las asociaciones que ellas suscitan.

En los poemas de Vallejo —quizá como en toda poesía— hay una relación inversamente proporcional entre función poética y función referencial. Lo que ganan los poemas en función referencial lo pierden en función expresiva. Compárese al efecto la prosa *No vive ya nadie...* con su correspondiente temático, el poema LXI de *Trilce;* ambos versan sobre el hogar deshabitado, sobre la relación entre ausencia física y presencia en el recuerdo. En el primer poema prima la denotación, la lengua guarda su neutralidad para no interferir la disquisición sentenciosa. Con escasas perturbaciones anímicas o imaginativas, la instancia poética renuncia a sus posibilidades específicas, se restringe a transmitir con el mínimo de distorsión el mensaje gnómico. Poéticamente, esta prosa es menos conmovedora, es decir, menos operativa que el poema LXI, donde la reflexión general se transforma en experiencia personalizada, donde el acontecer se confunde con el padecer y con la lengua que lo expresa.

La forma aseverativa por sí misma no ocasiona mengua poética; existen múltiples poemas que tienen exteriormente andamiaje de discurso expositivo —*Los nueve monstruos; Considerando en frío, imparcialmente...; Voy a hablar de la esperanza,* son los ejemplos más cabales—; parecen vertebrados por una osatura conceptual, pero el encadenamiento intelectivo nunca se condensa en juicios puros, nunca es axiomático; la concatenación está alterada por el lenguaje figurado, por las trasposiciones, por el tenor sentimental, por las múltiples incertidumbres que siembran equivocidad; la normalidad discursiva es superficial, paródica, irónica; está contravenida, enrarecida, minada por otras instancias verbales en contrapunto que tornan el poema polifónico.

La pérdida de la eficacia poética se da cuando existe exceso de determinación semántica, casi siempre por exceso de predeterminación ideológica. Hay merma poética cuando los significados son reducidos a la univocidad, cuando se los fija semánticamente y se les impone una significación restrictiva. Es decir, que la eficacia poética está en relación directa con la sugestión, con el poder evocador que proviene de la inestabilidad semántica, está en relación directa con el enriquecimiento informativo que provoca la plurivalencia librada a su propia dinámica, está en relación directa con la multivocidad que posibilita al lector una pluralidad de lecturas, una pluralidad de opciones operativas.

Aunque denote inspirarse en la dialéctica marxista, en el materialismo histórico, aunque poetice en función de la lucha de clases, aunque reivindique valores socialistas y promueva la solidaridad revolucionaria, Vallejo nunca es apodíctico, axiomático, concluyente, compulsivamente simplificador. Nunca subordina las exigencias poéticas a dictamen partidario, nunca cercena su libertad de escritura, nunca restringe la amplitud de sus recursos expresivos en aras de una legibilidad más inmediata, nunca se somete a estrategias pedagógicas, a servidumbre estética, nunca enajena su instrumento, nunca se alinea dogmáticamente. Vallejo no catequiza, no ejemplifica ninguna cartilla política; sus poemas carecen de moraleja, no son convertibles en imperativos categóricos.

El realismo de Vallejo es móvil y mudable como la realidad y como el conocimiento que de ella posee nuestra época. Su realismo está nutrido y activado por la realidad misma a través de un intercambio dinámico y dúctil. Su realismo no se estereotipa en módulos rígidos; no es ni un recetario ni una preceptiva canónica. Su realismo no es una constante formal sujeta a modelos arquetípicos; no es una fórmula, sino una relación epistemológica con la realidad. [5]

Amor, sexo, tiempo, muerte, hogar, sociedad, humanidad, son en Vallejo estímulos icónicos, pretextos para su figuración simbólica, alegórica, parabólica, son desencadenantes imaginativos, motores de una escritura que los transforma libremente en actuantes poéticos, son implicaciones de un signo estético en correspondencia metafórica con la realidad, correspondencia que no debe confundirse ni con equivalencia y menos con servidumbre. La escritura poética, aunque de inspiración realista, es ilusionista, desrealizante. Lo referencial, al ser configurado por la forma artística, se sujeta a un nuevo orden, a una urdimbre de relaciones específicas que lo liberan de las exigencias de la realidad empírica. Lo referencial es desconectado de su trama, de su inserción, de su concatenación, de su causalidad, de sus restricciones y urgencias habituales. Es inconducente, es impertinente tratar de rescatar lo puramente referencial divorciándolo del proyecto y de la realización artísticos. Es inútil desentrañar de la poesía de Vallejo un conocimiento objetivo, impersonal, de razón suficiente, de verificación exterior al signo poético. La verificación extratextual no tiene importancia; los poemas no pueden, no deben asimilarse a las categorías generales del conocimiento. Es decir, que su funcionalidad no está en relación con el valor referencial o cognoscitivo que conllevan.

[5] V. Paolo CHIARINI: *L'avanguardia e la poetica del realismo,* Laterza, Bari, 1961 (Hay traducción española: *La vanguardia y la poética del realismo,* La Rosa Blindada, Buenos Aires, 1964).

El protocolo literario es un intermediario que distorsiona, un interceptor, un perturbador de lo referencial y lo cognoscitivo. El poema implica un consenso previo, una convención admitida por destinador y destinatario, ambos aceptan la ficción, no resistirse al transporte, al embargo emocional, conceder al artificio una verosimilitud, una naturalidad, una entidad casi equivalente a las reales. Este ilusionismo consentido, esta entrega imaginativa y emotiva a un orden sujeto a sus propios requerimientos nos distancia del conocimiento referencial

El poema remite primeramente al poema mismo; su mensaje vuelve sobre sí, se revierte, pone en evidencia el medio verbal empleado, las relaciones formales de su peculiar ordenamiento, la materialidad de sus signos, ahonda la dicotomía entre éstos y los objetos significados. En Vallejo, son inmediatamente notorios el uso innovador e imprevisto del código de la lengua, su diversificación de recursos, su contravención de los hábitos discursivos, su desautomatización verbal, como si el léxico y la sintaxis del castellano fueran repensados cada vez que los utiliza, fuesen desviados del uso general para asimilarlos a sus módulos personales de construcción. Su poesía gana en singularidad, o sea, en especificidad a medida que se emancipa de la estructura discursiva, de las conexiones, de la congruencia del lenguaje referencial.

El poema es en principio autorreferente, luego se revierte sobre el destinador del mensaje. En literatura la comunicación es sensible, expresiva, está subjetivada, pasa por un ego que la personaliza infundiéndole emotividad. En Vallejo, esa instancia del yo emisor del texto está omnipresente. En Vallejo, ese yo protagónico es excéntrico, divergente, alienado. Sus poemas nos informan sobre una subjetividad enajenada, angustiada, obsesiva; su coherencia es intermitente, neurótica. Vallejo nos libra su psiquismo convulso, crispado, nos percute con una carga de alta tensión psicológica. En Vallejo, la proposición o los términos de la proposición, es decir, el objeto o el estado de las cosas que ella designa, se confunden con lo vivido, con la representación o la actividad mental del poeta. En Vallejo, si hay alguna seguridad semántica, ella reside en la evidencia personal, radica en la palabra indisolublemente ligada al destinador del poema. Sus proposiciones son siempre perceptivas, imaginativas, de recuerdo o de representación. Vallejo no opera la separación distintiva que posibilita un lenguaje referencial y cognoscitivo, que funda un sentido autónomo, neutro, impersonal. No separa del todo las palabras y las cosas, no libera por completo sonido y sentido. Vallejo no desprende del estado de los cuerpos el acontecimiento incorpóreo, no abandona su profundidad para abstraerse de lo personal y pensar abstractamente en superficie. Vallejo, a la par que expresa los acontecimientos extratextuales, expresa el acontecimiento del lenguaje confundido con su propio acontecer. [6]

Recién después de trasponer esas dos instancias —primero la del signo en su configuración formal y en su materialidad, luego la remisión del texto al destinador— el poema puede referirse a una realidad extratextual. El conocimiento implica una determinada intención semántica, una relación gnoseológica con esa realidad, un deseo de aprehender el significado verdadero de las cosas, de establecer una conformidad entre el pensamiento y los hechos reales. Tal es, creo, la voluntad de Vallejo que se propone contravenir la tendencia idealizadora y sublimadora del arte. Sus poemas nos transmiten una triple información: información textual específicamente poética; información sobre el emisor, sobre una subjetividad parcialmente, conjeturalmente recuperable a partir del poema, e información sobre el referente denominado realidad. Esa tercera instancia, la realidad referencial, está interferida, distorsionada por la textual y la expresiva que en la escritura de Vallejo son determinantes, imponentes. Vallejo nunca es neutro, nunca pasa directamente a los contenidos cognoscitivos, siempre obstaculiza (y enrarece y enriquece) la comunicación referencial con una alta dosis de trasmutación formal, de estilo, y una carga envolvente de expresividad, una preponderancia sentimental.

El poema no puede resultar nunca un puro medio cognoscitivo. Tampoco es el instrumento para conocer adecuadamente lo que existe fuera de su universo autónomo. No obstante, en Vallejo hay significados cognoscitivos, aserciones sobre la realidad extratextual y supraindividual, pero lo gnoseológico está siempre inextricablemente entramado en la compleja urdimbre significativa. Como diría Antonio Machado, Vallejo no propone preceptos sino perceptos.

¿Qué conocimiento puede extraerse, por ejemplo, del poema XIII de *Trilce* que entabla una relación entre sexo, conciencia y muerte?

> Pienso en tu sexo.
> Simplificado el corazón, pienso en tu sexo
> ante el hijar maduro del día.
> Palpo el botón de dicha, está en sazón.
> Y muere un sentimiento antiguo
> degenerado en seso.
> Pienso en tu sexo, surco más prolífico
> y armonioso que el vientre de la Sombra,
> aunque la Muerte concibe y pare
> de Dios mismo.

---

[6] V. Gilles DELEUZE: *Logique du sens,* Col. «10/18», Les Editions du Minuit, París, 1973, pp. 251 y ss.

> Oh Conciencia,
> pienso sí, en el bruto libre
> que goza donde quiere, donde puede.
> Oh, escándalo de miel de los crepúsculos.
> Oh estruendo mudo.
> ¡Odumodneurtse!

Su punto de partida parece ser una meditación tendiente a emitir juicios axiomáticos. Cuatro veces se insiste en la actitud pensante que parece movilizar el texto. Este comienza en forma aseverativa-enunciativa, pero se concatena de tal modo que lo conceptual opera dentro de una heterogénea constelación semántica. El curso (o transcurso) va apartándose gradualmente de una hilación discursiva, de un enlace silogístico, de una inducción objetiva, del apodigma o de lo epigramático. Vallejo desprecia, menoscaba la cogitación, hace montar la tensión afectiva, alaba el gozo sin preconceptos, encomia la animalidad destrabada de pruritos intelectuales, vuelve su verbo interjectivo, cada vez más metafórico, anuncia y practica el escándalo: el poema culmina con un verso al reverso que proclama la arbitrariedad de su escritura, una desenvoltura soberana.

Vallejo no objetiva, no precisa, no prescribe, no distancia, no neutraliza, no enfría. Subjetiva, disloca, patetiza, ironiza, enfatiza, desespera. Nunca opta por el conocimiento propiamente dicho. La tensión, siempre disonante, no es motor de análisis, de enjuiciamiento, sino de representación sensible, de figuración o transfiguración metafórica, es activante anímico e imaginativo.

Es como si Vallejo detuviera el proceso intelectivo antes de alcanzar el grado suficiente de abstracción e impersonalidad que lo independice de la mente que lo concibe. Vallejo no lo desentraña, no lo distingue, no lo clarifica, lo libra en bruto, en estado de conglomerado («corazónmente unido a mi esqueleto»), en su percepción preconceptual. Ni lo dirime, ni lo deslinda, ni lo depura. Vallejo no explica, complica. Ejecuta toda clase de cabriolas lógicas, da saltos y sobresaltos, es elíptico, hermético, deja agujeros en la cohesión, hilvana intermitentemente. ¿Qué conocimiento extratextual y extravallejano nos comunica a través de las mutilaciones sintácticas, de las concordancias anómalas, de la coherencia neurótica, del discurso desflecado?

> Cual mi explicación.
> Esto me lacera de tempranía.
> Esa manera de caminar por los trapecios.
> Esos corajosos brutos como postizos.
> Esa goma que pega el azogue al adentro.
> Esas posaderas sentadas para arriba.

Ese no puede ser, sido.
Absurdo.
Demencia.
Pero he venido de Trujillo a Lima.
Pero gano un sueldo de cinco soles.

(*Trilce*, XIV)

Vallejo paradójicamente pone su destreza técnica y uno de los una conciencia en plena agitación, representada en su energía multiforme, en sus potencialidades previas a todo encasillamiento clasificatorio. Vallejo prefigura las virtualidades de la conciencia, comunica conocimientos germinales, átomos cognitivos arremolinados en su flujo psíquico original, anterior a la codificación demostrativa, a la clasificación categorial, a toda especialización. Las suyas son impulsiones gnómicas, predefinitorias, preanalíticas. La seducción poética proviene del dinamismo inestable, de la bullente mutabilidad, de la labilidad de ese monólogo interior donde fluye un magma mental en estado preformal.

Vallejo paradójicamente pone su destreza técnica y uno de los instrumentos expresivos más vastos de la lengua castellana al servicio de una representación caótica. Aplica su talento formal al moldeo de una imagen (es decir, un correlato sugeridor) de lo informe: la inmediatez de su intimidad mental, la convulsiva y heterogénea simultaneidad de su conciencia. Vallejo figura la prefiguración o figura la desfiguración.

EL GENESIS OCEANICO

Tres cantos cosmogenésicos se insertan en el *Canto general* de Pablo Neruda; los tres equidistantes: el 1, «La lámpara en la tierra»; el 7, «Canto general de Chile», y el 14, «El gran océano».[1] La obra comienza y promedia con dos cosmogonías terrestres, para concluir con una acuática. En las tres prepondera la poética mítico-metafórica: amalgama de una visión naturalizante que retrotrae todo a la plenitud del comienzo y de una escritura saturada de metáforas que tienen por función representar con el máximo de dinamismo un universo recién nacido, en el pináculo de su mutabilidad vital.[2]

En las tres cosmogénesis Neruda quiere despojarse de los códigos culturales, desliteraturizarse, propender a la percepción virginal, sin preconceptos, a la captación global, en bruto y en profundidad de los procesos naturales. Quiere, sin intercesores intelectivos, instalarse en el centro seminal, en la uterina originalidad, en el núcleo generador de todas las transformaciones. Quiere, por consustanciación imaginativa, descender al fondo primordial donde se gestan todas las manifestaciones de la energía madre. Pero esa inmersión en el seno de las materias maternales no puede ser primitiva. Neruda es también el lector de tratados de ciencias naturales, ligado al horizonte semántico de nuestra época, a la amplitud de la conciencia contemporánea. No puede barbarizarse, no puede anular las medi-

---

[1] Neruda casi nunca propende a las formalizaciones geométricas, a las regidas por una regulación numérica. Su vitalismo desborda todo canon, toda regularidad, salvo en los *Cien sonetos de amor,* una cifra redonda aplicada al tipo de composición más cerrado y reglado de la versificación española. Pero esta equidistancia de los cantos cosmogónicos constituye una isotopía, reforzada por la cantidad de poemas de cada uno: 6, 18, 24 (o sea, la progresión de los múltiplos de 6). Tal principio de organización simétrica constrasta con múltiples asimetrías que hacen del *Canto general* un texto discordante.

[2] V. Saúl Yurkievich: «La imaginación mitológica de Pablo Neruda» y «Mito e historia: dos generadores del *Canto general*», en *Fundadores de la nueva poesía latinoamericana,* 2.ª edición, Barral Editores, Barcelona, 1973.

ciones cognoscitivas, sumergirse ingenuamente en el sustrato mítico ancestral. En sus cosmogonías se da la simbiosis entre una información científica relacionada con la conciencia actual y una fabulación mitopoética que proviene de la imaginación atávica. En estos textos se entretejen sutilmente nociones tributarias de una concepción racional, materialista, empírica del universo, la concepción de la moderna ciencia experimental, con la antigua visión analógica que establece la total intervalencia entre todos los órdenes de la realidad coaligados por una continua y unívoca simpatía cósmica, donde el mundo natural, el único significativo, deviene una unidad dentro de una sola entidad. El ciclo de «El gran océano» es el mejor ejemplo de esta textura textual entre ciencia y mitología.

«El gran océano» consta de 24 poemas consagrados al océano Pacífico. El ciclo principia por el comienzo de los comienzos, por el engendramiento de los mares y, en su seno, el nacimiento de la vida, hasta la aparición del hombre. Los hombres oceánicos se asientan en las orillas y aprenden a navegarlos. Neruda evoca las migraciones de la Polinesia con su escala en la isla de Pascua, intermediaria entre los blandos pueblos vegetales y acuáticos, y el temple mineral de América. En los constructores de las estatuas de Rapa Nui se conjugan la luna melanésica con el sol indoamericano, se celebran las nupcias del principio femenino con el masculino, la cópula de los complementarios. Neruda pasa revista a puertos y poblaciones asentadas en la costa pacífica hasta el extremo más austral. Ensalza los navíos que transportaron las razas y las riquezas de América; reivindica a los parias del mar y condena a los explotadores, a los rapaces que saquean y destruyen el patrimonio natural. Canta el eterno embate contra las piedras de la orilla, la enigmática belleza de la flora y la fauna marítimas. El ciclo se clausura con la entrada en la tiniebla, con la noche oceánica, con el descendimiento al fondo original, donde muerte y nacimiento intercambian perpetuamente su signo.

El segundo poema de «El gran océano» se llama «Los nacimientos». Como su título lo indica, es el paradigma de la visión cosmogónica, y como tal, lo interpretaremos:

```
 1   Cuando se trasmutaron las estrellas
     en tierra y en metal, cuando apagaron
     la energía y volcada fue la copa
     de auroras y carbones, sumergida
 5   la hoguera en sus moradas,
     el mar cayó como una gota ardiendo
     de distancia en distancia, de hora en hora:
     su fuego azul se convirtió en esfera,
     el aire de sus ruedas fue campana,
```

10 su interior esencial tembló en la espuma,
y en la luz de la sal fue levantada
la flor de su espaciosa autonomía.

Mientras que como lámparas letárgicas
dormían las estrellas segregadas
15 adelgazando su pureza inmóvil,
su magnitud, pobló de llamaradas
y movimientos la extensión del día,
creó la tierra y desató la espuma,
dejó rastros de goma en sus ausencias
20 invadió con estatuas el abismo,
y en sus orillas se fundó la sangre.

Estrella de oleajes, agua madre,
madre materia, médula invencible,
trémula iglesia levantada en lodo:
25 la vida en ti palpó piedras nocturnas,
retrocedió cuando llegó a la herida,
avanzó con escudos y diademas,
extendió dentaduras transparentes,
acumuló la guerra en su barriga.
30 Lo que formó la oscuridad quebrada
por la sustancia fría del relámpago,
Océano, en tu vida está viviendo.

La tierra hizo del hombre su castigo.

Dimitió bestias, abolió montañas,
35 escudriñó los huevos de la muerte.

Mientras tanto en tu edad sobrevivieron
las aspas del transcurso sumergido,
y la creada magnitud mantiene
las mismas esmeraldas escamosas,
40 los abetos hambrientos que devoran
con bocas azuladas de sortija,
el cabello que absorbe ojos ahogados,
la madrépora de astros combatientes,
y en la fuerza aceitada del cetáceo
45 se desliza la sombra triturando.
Se construyó la catedral sin manos
con golpes de marea innumerable,
la sal se adelgazó como una aguja,
se hizo lámina de agua incubadora,
50 y seres puros, recién extendidos,
pulularon tejiendo las paredes
hasta que como nidos agrupados
con el gris atavío de la esponja,
se deslizó la túnica escarlata,

55 vivió la apoteosis amarilla,
 creció la flor calcárea de amaranto.

 Todo era ser, sustancia temblorosa,
 pétalos carniceros que mordían.
 acumulada cantidad desnuda,
60 palpitación de plantas seminales,
 sangría de las húmedas esferas,
 perpetuo viento azul que derribaba
 los límites abruptos de los seres.
 Y así la luz inmóvil fue una boca
65 y mordió su morada pedrería.
 Fue, Océano, la forma menos dura,
 la traslúcida gruta de la vida,
 la masa existencial, deslizadora
 de racimos, las telas del ovario,
70 los germinales dientes derramados,
 las espadas del suero matutino,
 los órganos acerbos del enlace:
 todo en ti palpitó llenando el agua
 de cavidades y estremecimientos.
75 Así la copa de las vidas tuvo
 su turbulento aroma, sus raíces,
 y estrellada invasión fueron las olas:
 cintura y plenitud sobrevivieron,
 penacho y latitud enarbolaron
80 los huéspedes dorados de la espuma.
 Y tembló para siempre en las orillas
 la voz del mar, los tálamos del agua,
 la huracanada piel derribadora,
 la leche embravecida de la estrella.

El poema arranca del nacimiento por antonomasia, remite al origen estelar del mundo. A través de una intrincada urdimbre metafórica, desde la primera estrofa se inscribe esa imbricación entre versión científica y versión mítica. Apagada su incandescencia, la materia ígnea se transforma en tierra, en mineral terrestre. Neruda retoma la hipótesis sobre el origen meteórico de nuestro planeta; según ella, los planetas del sistema solar se habrían formado al atravesar el sol una nebulosa y producir, por su fuerza de atracción, torbellinos meteóricos; estos meteoritos anexados habrían constituido núcleos de condensación a partir de los cuales se generarían los planetas. Figuradamente, la lluvia estelar se representa como volcada cornucopia de ascuas: *volcada fue la copa / de auroras y carbones* (vv. 3-4). El cielo es copa y también lo es el océano: vv. 75-77. «Así la copa de las vidas tuvo / su turbulento aroma, sus raíces, y estrellada invasión fueron las olas». La cuenca marina puede, por analogía formal, asimilarse al cuenco de una copa:

Con tu sal y tu miel tiembla la copa,
la cavidad universal del agua,
y nada falta en ti como en el cráter
desollado, en el vaso cerril:
cumbres vacías, cicatrices, señales
que vigilan el aire mutilado. (613) [3]

Pero para Neruda *copa* no es mero utensilio o parangón formal; es un símbolo jerarquizado, se vincula con el cáliz ritual de las celebraciones. Como el Graal de Parsifal, la copa es un símbolo hierofánico, es la contenedora del maná; así lo manifiesta ese texto clave que se llama «La copa de sangre», emblema iniciático que simboliza la adquisición de la virilidad. La «copa de sangre» reaparece en la última parte, «Yo soy», del *Canto general,* como el símil antagónico (el mundo analógico se rige por la ley de los opósitos, por la doble relación de la semejanza y la diferencia) de la bíblica copa de las lágrimas; ahora se trata de la sangre de los mártires reintegrada a la tierra y devuelta como esencia dotada de poderes primordiales:

Canto a Morelos. Cuando caía
su fulgor taladrado,
una pequeña gota iba llamando
bajo la tierra hasta llenar la copa
de sangre, y de la copa un río
hasta llegar a toda la silenciosa orilla
de América, empapándola de misteriosa esencia. (660)

Beber los zumos terrestres significa consustanciarse con la América original, la innominada, anterior a la presencia desnaturalizante del invasor, aquélla que conserva la plenitud del principio:

Tierra mía sin nombre, sin América,
estambre equinoccial, lanza de púrpura,
tu aroma me trepó por las raíces
hasta la copa que bebía, hasta la más delgada
palabra aún no nacida de mi boca. (298)

La copa es un sacramento, la depositaria del numen, un arcano que guarda la realidad más fuerte e inefable; allí se condensa la realidad fundamental:

Sólo la eternidad en las arenas
conocen las palabras:
la luz sellada, el laberinto muerto,
las llaves de la copa sumergida. (619)

---

[3] Los números entre paréntesis son indicaciones de página correspondientes a Pablo NERUDA: *Obras Completas,* 2.ª edición, Losada, Buenos Aires, 1957.

La copa sacramental está siempre oculta; es central, medular, entrañable portadora del núcleo energético de donde dimana lo significativo; antropomórficamente interiorizada, se sitúa en el centro vital, en el lugar del corazón. Se ubica en medio del pecho no sólo de ese hombre privilegiado que es el cantor-intermediario-intérprete de la primigenia potestad natural [«mi corazón se recogió en su copa / y extendió hacia los mares las plumas / la desembocadura de su canto» (645)], también dentro del pecho de la noche marina:

> Hermosa eres, amada, noche hermosa:
> guardas la tempestad como una abeja
> dormida en tus estambres alarmados,
> y sueño y agua tiemblan en las copas
> de tu pecho acosado de vertientes. (646)

Apagadas las ascuas meteóricas, *sumergida / la hoguera en sus moradas* (enfriada la corteza y reducida la materia ígnea al núcleo terrestre), sucede la génesis marina. El mar también participa de este origen incandescente, el fuego celeste se licúa, deviene *esfera* al cubrir la superficie del globo; *el aire de sus ruedas fue campana*: nuevamente la imaginación nerudeana se aparta del parangón objetivo; si *aire* se vincula con el espacio estelar, *ruedas* y *campana* constituyen relaciones subjetivas de sentido. *Ruedas* sugiere maquinaria portentosa, retoma la antigua imagen de la mecánica celeste; la asociación *fuego azul-esfera-aire-ruedas* reedita el antiguo mitema del carro solar guiado por el conductor de las fuerzas cosmogónicas (Zeus, Apolo, Cibeles, Mitra, Atis). La visión nerudeana del engendramiento caótico, catastrófico, se liga con la fase uraniana (de Uranos), la de la turbulencia cataclísmica indiferenciada que precede al pasaje a la organización reglada por Cronos o Saturno, pasaje de caos a cosmos. Si *campana* se liga con copa (copa invertida) o cuenco, lo que contiene y cubre (Macchu Picchu es «Campana patriarcal de los dormidos», 321), Neruda la dota de un simbolismo personal, convierte a la anunciadora del nacimiento y de la muerte en signo de frenesí vital. La campana es aquí contenedora de un «interior esencial» porque la fuerza siempre proviene de adentro, de un núcleo energético situado en la intimidad de la materia; alcanzarlo implica internarse, descender a lo central, a la cámara matriz. Centro y origen se equivalen.

La primera estrofa culmina con el alumbramiento de los mares: *y en la luz de la sal fue levantada / la flor de su espaciosa autonomía*. El dar a luz salino alcanza su pináculo con la floración (*flor* es ponderativo-superlativo, implica la máxima excelencia dentro de cada género), con el despliegue pleno de su entidad. La *sal*, naturalmente vinculada a lo marino, simboliza la cohesión material, el vínculo que congrega los componentes de los cuerpos, un principio de concentración activa, sustento y germen de vida. Tal es su sentido positivo; reaparece, estableciendo las mismas conexiones imaginativas, en el poema XII, «La ola», que representa de nuevo una cosmogonía:

> La escuela de la sal abrió las puertas
> voló toda la luz golpeando el cielo,
> creció desde la noche hasta la aurora
> la levadura del metal mojado,
> toda la claridad se hizo corola,
> creció la flor hasta gastar la piedra (...) (627)

Una confluencia semejante de flor y sal, de floración salina, la re-encontramos en otras partes del *Canto general*. De Colombia se dice «Eras pura noción de piedra, / rosa educada por la sal» (307) y a Macchu Picchu se le llama «Ramo de sal». Pero todo símbolo, para arraigar en la imaginación, debe ser un mutante, por lo menos bivalente, reversible. Está también la sal negativa, la que esteriliza y destituye a lo viviente: «la niebla de salmuera», la sal «ramo negro» de Atacama o de la pampa nitrosa de Tocopilla, «sin una brizna, sin una sombra, sin tiempo» (640). La sal es a la vez protectora y corrosiva, fértil y árida.

La segunda estrofa principia como la primera con una imagen de apagamiento. Aquí se añade la quietud adormecedora del cielo nocturno que ha alcanzado su serena estabilidad. A la imaginación estelar corresponde un retardo: el cielo estrellado es el más lento de los móviles imaginativos. Este detenimiento opera de contraste para resaltar el dinamismo del mar encolerizado; máximo activante de la imaginación natural, pertenece al dominio diurno: «*el mar llenó de sal y mordeduras / su magnitud, pobló de llamaradas / y movimientos la extensión del día*». *Sal* se coaliga con *mordeduras;* es una pareja energética de ambigua significación: sugiere a la vez engendramiento y destrucción, vida y muerte, la doble condición que, constantemente invirtiéndose, signa todo el poema: ambivalencia inherente a todos los ciclos de transformaciones naturales. *Llamaradas*: metáfora plurívoca; si por un lado establece una analogía visual entre fuego llameante y el fogoso oleaje que parece flamear, implica una intervalencia de energías: la combustión meteórica se ha trasmutado en agitación marina. El mar delimita los continentes emergidos y orla sus orillas con el vaivén de las espumas. Al retirarse deja algas, líquenes, gomosa materia orgánica. *Invadió con estatuas el abismo*: *estatua* es, como *campana*, otro de los símbolos predilectos de Neruda. Dotado de significación múltiple, funciona por asociación subjetiva de sentido. Anagramáticamente se conecta con *es-*

tatura: «La estatua del cobre decide su estatura» (501); connota extensión, magnitud, distancia; se aplica a la inmensidad oceánica: «Tu estatua está extendida más allá de las olas» (613), y designa también la dilatada noche marina: «Túnica de la tierra, estatua verde» (647). Pero *estatua* se dice además al mineral de origen meteórico, estrella enterrada en las entrañas de la tierra:

> Las vértebras del cobre estaban húmedas,
> descubiertas a golpes de sudor
> en la infinita luz del aire andino.
> Para excavar los huesos minerales
> de la estatua enterrada por los siglos,
> el hombre construyó las galerías
> de un teatro vacío.
> Pero la esencia dura,
> la piedra en su estatua, la victoria
> del cobre huyó dejando un cráter
> de ordenado volcán, como si aquella
> estatua, estrella verde,
> fuera arrancada al pecho de un dios ferruginoso
> dejando un hueco pálido socavado en la altura. (410-411)

El verso 20 (*invadió con estatuas el abismo*) es irreductiblemente plurívoco. Resonador de distintos ecos semánticos, puede interpretárselo como el mar invadiendo con sus colosales volúmenes las fosas oceánicas, puede aludir al origen estelar del agua marina o puede referirse, por analogía, a enormes animales acuáticos (en «Leviathán», poema XXI de «El gran océano», Neruda se refiere a la ballena como «gran estatua muerta en los cristales / de la noche polar» (643), colosos engendrados por el fundador de la sangre. La poética mítico-metafórica funciona sobre la polisemia. La intervalencia semántica que entabla entre los vocablos equivale al intercambio y a las transformaciones de energía de los procesos naturales. La inestable polisemia es el recurso figurativo por excelencia para representar la mutabilidad natural en pleno dinamismo. La exégesis nerudeana no debe imponer interpretaciones restrictivas que inmovilicen la pululante indeterminación semántica en un sentido único. No se puede empobrecer las incitaciones imaginativas del poema reduciéndolas a un sentido recto, como si la agitada y sugestiva equivocidad fuese un efecto retórico para engalanar al texto en superficie. *Estatua* carga con todas las connotaciones con que el *Canto general* la inviste; a ellas pueden añadirse las asociaciones particulares a cada lector. Una imagen poética equivale a la suma de los estímulos que motiva.

Visión mítica y concepción científica coinciden en considerar al mar como fuente originaria de la vida. Térmicamente uniforme, con adecuada concentración salina, rico en minerales, el mar fue el medio vital donde se constituyó el primer núcleo celular viviente. La tercera estrofa figura, mediante una turbulenta textura metafórica, la población de los mares por una convulsa gestación biológica. Los tres versos iniciales son vocativos rituales, de tono mayestático, que infunden al pasaje una sacralidad litúrgica reforzada por la mención de *iglesia.* Aluden a un centro genésico, a una maternidad medular; retrotraen al principio de los principios, al fondo y fundamento de una creación esencial, a la instauración primigenia de un modelo cósmico. *Estrella de oleajes* reitera el origen meteórico de las aguas terrestres; *agua madre, / madre materia*: lo materno, dos veces repetido para intensificarlo, indica no sólo instancia matriz, potencia original, sino también una relación carnal, filial que Neruda establece siempre con todo lo que evoca. Su afán de concreción material lo compele a consustanciarse corporalmente con lo imaginado para contrarrestar el carácter ilusionista de toda representación verbal. Neruda se propone que las palabras encarnen sustancialmente las cosas significadas. El juego paronomásico *madre materia* parece recuperar etimológicamente un origen común a ambos vocablos. *Trémula iglesia levantada en lodo*: el adjetivo *trémula* señala la palpitación de lo viviente: «El hombre tierra fue, vasija, párpado / del barro trémulo, forma de la arcilla» (297), como se dice en el introito de «La lámpara en la tierra» (canto cosmogenésico) refiriéndose igualmente al temblor de vida que surje del légamo, de la argamasa embrionaria, de la pasta primordial. Para la imaginación ancestral, lo viviente es encarnación del limo. *Iglesia* indica un espacio fuerte, hierofánico, donde se produce la revelación de las fuerzas supremas. *La vida en ti palpó piedras nocturnas*: la vida es un afloramiento, concebir es dar a luz, emerger de la entraña ventral, pasaje de la noche interior al día externo, tránsito del caos de lo preformal a las conformaciones cósmicas. La vida se genera en la más recóndita intimidad marina, en el fondo pedregoso, en la tiniebla abisal. Los tres versos siguientes (vv. 26-28) operan como agitadores por contraste con la recoleta delicadeza del comienzo, constituyen la diástole turbulenta (el texto es pulsátil, su vivacidad proviene de una alternancia entre contracciones y expansiones rítmicas), figuran una representación bélica, el acerbo combate de las especies, la selección sanguinaria en su lucha por perdurar (el poema multiplica las imágenes guerreras, por ejemplo, v. 43: «La madrépora de astros combatientes», v. 70: «las espadas del suero matutino»). *Retrocedió cuando llegó a la herida: retrocedió / avanzó,* operaciones de ataque y contraataque, señalan una evolución accidentada, un encarnizado enfrentamiento entre fuerzas productivas y destructivas. Al repliegue sucede la ofensiva de un ejército majestuoso: *avanzó con escudos y diademas, / extendió dentaduras transparentes;* luego, un versoresumen explicita la noción de beligerancia procreadora en el seno del «agua madre»; la cavidad oceánica es *barriga* que alberga en su líquido amniótico la vida embrionaria. La gestación requiere el acoplamiento de un principio femenino con otro masculino; *lodo* fusiona tierra y agua en un estado intermedio, la pasta ambivalente capaz de recibir cualquier conformación. Ahora copulan un relámpago fálico que penetra en la oscuridad hendida; cielo y agua se maridan para gestar la vida: *Lo que formó la oscuridad quebrada / por la sustancia fría del relámpago, / Océano, en tu vida está viviendo.*

La cuarta estrofa consta de un solo verso, blanqueado por la señal interestrófica: el doble espacio que lo precede y lo sucede para incrementar su gravitación semántica. Mientras la vida permanece intacta en su depositario original, mientras mantiene en el mar la pureza y la integridad del comienzo, el hombre terrestre sufre un nefasto influjo que lo convierte en depredador desnaturalizado y desnaturalizante. La quinta estrofa es un dístico condenatorio de la devastadora intervención humana: *Dimitió bestias, abolió montañas, / escudriñó los huevos de la muerte.* La muerte está encarnada en reptil o en gusano ovíparos, en animal rastrero, emisario del mundo de abajo que actúa como agente de regresión a la no forma, al caos infernal; la imagen puede correlacionarse con la del poema III de «Alturas de Macchu Picchu»:

> cada día una muerte pequeña, polvo, gusano, lámpara
> que se apaga en el lodo del suburbio, una pequeña
> muerte de alas gruesas
> entraba en cada hombre como una corta lanza (314)

La estrofa sexta incrementa aún más la progresión dinámica del texto. Al clímax energético de la representación corresponde un paulatino espesamiento, un mayor intrincamiento metafórico. La textura metafórica es la ejecutoria verbal de la movilidad y la mutabilidad biológicas. Las intervalencias semánticas son el correlato figurativo de los intercambios energéticos. La estrofa opera por disonancia reanudando la visión positiva; reitera la noción de resguardo de la plenitud vital: *Mientras tanto en tu edad sobrevivieron / las aspas del transcurso sumergido: aspa* es un chilenismo, significa la extensión de una mina. Neruda coaliga una doble vastedad, espacial y temporal, para indicar la grandeza de esa *creada magnitud* vital que el mar conserva íntegra. Luego, en los versos 39 a 44, entabla una sucesión de transferencias, intersecciones metafóricas que caracterizan a la visión mitológica; las cualidades inherentes a un orden natural se intercambian con las de cualquier otro. Lo animal se mineraliza o vegetaliza: los peces devienen *esmeraldas escamosas,* los moluscos *abetos hambrientos.* Lo vegetal se animaliza: la flora submarina se vuelve *cabello que absorbe ojos ahogados*. Los pólipos se emparentan con lo astral. Este animismo biodinámico está signado por una destrucción voraz, devoradora; la mordida es no sólo eje paradigmático de «Los nacimientos» (vv. 16, 30, 42, 48, 63, 70, 75), sino una constante de la imaginación nerudeana. La mordedura representa un contacto de máxima concreción sensible. Su erotismo compulsivo reclama la anexión corpórea de la materia imaginada, sobrepasa el palpamiento del cuerpo o de las cavidades accesibles, apropiándose bucalmente de toda otra carnadura. A través de la gustación, la masticación y la ingestión, traspone el tacto y la penetración del cuerpo ajeno incorporándolo a su propia sustancia. La progresión de criaturas voraces culmina con el gigantesco Leviathán, conectado también con las potencias destructoras. En el poema XXI, se llama a la ballena «témpano de sombra»; aquí se dice: *se desliza la sombra triturando; sombra* es metonimia del oscuro cuerpo opaco que contrasta con la transparencia marina. Neruda reitera una variación sobre el tema de los versos 46-47: *Se construyó la catedral sin manos / con golpes de marea innumerable;* nuevamente el océano deviene templo, espacio sacralizado, «el central volumen de la fuerza», una potestad energética que se autogenera, un perpetuo movimiento de engrendramientos y abatimientos autoefectuados. A la sal esterilizadora del verso 14, sucede la sal fertilizante de los versos 48-49: *la sal se adelgazó como una aguja,* se trata ahora de sal concentrada, sal cristalina; la sal deviene centro sustancial; condensándose, se adensa y se transforma en sustancia primordial para fecundar al *agua incubadora*. Así surgen los primeros *seres puros* (el cristal traslúcido es núcleo purificador que los procrea); los protozoos se diseminan pululantes y se agrupan para constituir organismos más complejos: celentéreos, pólipos, medusas multiformes y multicolores. La creación culmina en una *apoteosis* cromática.

La última estrofa nos devuelve a ese principio vital de máxima consistencia ontológica, cuando el ser aparece con la integridad primigenia. Volvemos al inicio de la palpitación sustancial. Aparecen los mordientes *pétalos carniceros* (perpetua coexistencia de nacimiento y muerte, del principio masculino con el femenino, del agresor y del aliado); *pétalo* representa para Neruda la más delicada constitución de lo viviente, lo asocia con párpado, considerados ambos como delgadez tenue y pulsátil, como película palpitante, paradigma de vida [en el poema II de «Alturas de Macchu Picchu», para indicar que el hombre desnaturaliza la pureza vital, dice: «el hombre arruga el pétalo de la luz que recoge / en los determinados manantiales marinos» (313)]. A pesar de y merced a la destrucción carnívora (que forma parte del ciclo de las transformaciones orgánicas), la vida se incrementa, es *acumulada cantidad desnuda;* la desnudez, inherente al estado de completud edénica, indica plenipotencia natal, la conservación de la pureza integral, del incólume vínculo con la *madre materia, médula invencible*. Desnudez natural se opone a vestidura desnaturalizadora; con la vestidura se entra en el tiempo histórico, el tiempo horizontal que debilita y desgasta irreversiblemente; se entra en la era de «la peluca y la casaca», en el tiempo indumentario que va menoscabando la plenitud del principio (V. «Amor América» de «La lámpara en la tierra»). *Plantas seminales*: otra intervalencia que animaliza lo vegetal, señala también un espesamiento enriquecedor; la imaginación materializante sexualiza el agua hasta convertirla en líquido seminal, la lactifica para fertilizarla, luego la va a ensangrentar, la animaliza para que podamos visualizarla como fuerza biogenética, transgresora de todas las fronteras entre los órdenes naturales. El ímpetu vital, proteico, metamórfico, intervalente, es el amalgamador incontenible que todo lo intercambia y encoyunta, es el removedor cósmico que desbarata toda clasificación, que invalida toda taxonomía: *perpetuo viento azul que derribaba / los límites abruptos de los seres*. La *luz inmóvil* (v. 15, «pureza inmóvil»), es decir, el poderío incólume [«la inmóvil soledad llena de vidas» (612)], la energía pura (v. 11, «la luz de la sal»), se transforma en *boca* voraz, en la devoradora de su propia fauna. La estrofa adquiere una animación cada vez más turbulenta, impelida por un erotismo cada vez más compulsivo. La cavidad oceánica se trasmuta en túrgida vulva, en *gruta de la vida,* en óptima caverna, en *telas del ovario,* en órganos genitales femeninos que invitan a la cópula; inmediatamente surge el principio masculino con *las espadas del suero matutino / los órganos acerbos del enlace*. El acoplamiento es encarnizado, convulso, feroz, y el orgasmo, cataclísmico, como corresponde a una cosmogénesis. El poema opera la simbiosis simbólica de agua, pez y mujer ligados ancestralmente, en un mismo complejo imaginativo, a los mitos de la fecundidad. Neruda reitera el mitema del agua / matriz universal. Después de la cópula viene la *copa de las vidas,* otra versión de la copa meteórica del verso 3, ahora vegetalizada. En los sortilegios y curaciones populares, la copa de agua no empezada, no profanada por el uso, conserva el poder germinador y creador del agua primordial. *Estrellada invasión* es símbolo por lo menos bisémico, repite la trasmutación estelar en agua oceánica y sugiere formalmente una expansión radiada; puede también aludir, como en el poema III, a la «población pesquera»: «Húmedo río elástico de vidas, / crecimiento de estrella en las escamas» (616), imagen que insinúa un parangón entre mar poblado por peces metálicos y centelleante cielo constelado. El sentido es también radiado y radiante, se extiende y se transforma con dinamismo semejante al de las

113

fuerzas naturales. Los signos icónicos tienen en Neruda la inestabilidad y la plurivalencia de la materia energética que representan. Siguen dos versos de construcción paralela: dos sustantivos, uno concreto, otro abstracto, y un verbo final (vv. 43-44). *Cintura* antropomorfiza la imagen del mar, como lo figura Neruda en «los peces y el ahogado»: «Hermosa fue la mano o la cintura / que rodeaba la luna fugitiva» (616) o en «La noche marina» cuando de ella dice: «vi tejerse las hebras estrelladas / y la electricidad de tu cintura» (646); el «agua madre» es deidad femenina; para la imaginación sustancial (es decir, sensual) es agua carnal, es cuerpo de mujer desnuda. El agua límpida, como en el mito de las náyades o del nacimiento de Venus, concita la desnudez femenil. *Cintura y plenitud sobrevivieron:* en todo el canto, a lo largo de «El gran océano», se recalca «la eterna maternidad del agua», se insiste en la permanencia de esa potente y prístina integridad del mar, de esa magnitud empenachada. Así como la turbulencia biogenética se asociaba con imágenes bélicas, la agitación del espumeante oleaje se transfigura en estandartes (v. 83), también la fauna marina [«estandartes de trémulo tesoro» (616)] y los hombres oceánicos (617). La visión nerudeana está propulsada por una imaginación beligerante, por un erotismo belicoso, por un onirismo conquistador que apela a los símiles guerreros para representar, en su incesante removimiento, el dinamismo de los procesos de transformación de la materia. La batalla amorosa se infunde y confunde con la naturaleza catastrófica. El poema acaba con la posesión apasionada de ese «agua madre», con una cópula maremoto y un orgasmo cataclismo astral:

> Y tembló para siempre en las orillas
> la voz del mar, los tálamos del agua,
> la huracanada piel derribadora,
> la leche embravecida de la estrella.

A través de la interpretación mito-poética de «Los nacimientos», una de las lecturas posibles de ese signo plurívoco que es todo texto literario, creo haber discernido el principio conformador del poema, prototipo de la visión nerudeana. La función poética determinante, el nivel más eficaz como productor de poeticidad, es aquí el icónico, es decir, la figuración o la organización metafórica. El poema opera fundamentalmente como tramador de una textura verbal de analogías y correspondencias que van montando un desarrollo escénico. La palabra, convocada para objetivar el impulso expresivo, para exteriorizar la vislumbre, está precedida por algo prelingüístico que es imagen y deseo, por una fuerza imaginante. Neruda arraiga profundamente en la imaginación mitológica. Detrás de las variaciones léxicas y de cierta diversidad formal, reencontramos los arquetipos de la memoria ancestral con tal insistencia y tal fidelidad como si Neruda descendiese directamente, sin literatura intermediaria, al trasfondo atávico. Sin embargo, como intenté mostrarlo, este transporte hacia la mentalidad primitiva no puede estar exento de interferencias que corresponden a una conciencia contemporánea y además letrada.

JOSE LEZAMA LIMA: EL EROS RELACIONABLE O LA IMAGEN OMNIMODA Y OMNIVORA

Desde *Muerte de Narciso* (1937) a *Dador* (1960), el mismo flujo de lo imaginario al estado puro, una navegación figurativa, la vagarosa fuga icónica tan diversa, tan inusitada, tan imprevisible. La disimilitud es tanta, tanta la apertura semántica, la conexión tan libérrima, tan subjetiva la ilación, los avecinamientos tan plurívocos, que todo afán de desciframiento es desbordado por la mutabilidad, por la equivocidad, por una sobreabundancia irresoluta, irreductiblemente errática. No se detectan los principios de organización formal, la forma es sólo andadura elemental, soporte apenas modelado de una representación nómada, sujeta al mínimo de encauce. Avance más por extensión difusa que por determinación vectorial, derrame sin directriz semántica. Todo intento de intelección es desbaratado por la expansiva polisemia. La imaginería afluye sin estructurar un encuadre, fuera de una cronología o topología que permitan asentar la escena. La saturación de metáforas radicales es tal que los ejes de semejanza, demasiado traslaticios, resultan indiscernibles. O existe uno solo capaz de enhebrar lo que esta fabulosa procesión conjuga, un solo máximo común denominador: universo, sinónimo de la unidad en el inalcanzable infinito, o de la comunión unitiva de todo existente real o ideal (mental) en la suprema instancia.

Desde *Muerte de Narciso,* hegemónica, la representación sensible establece la más laxa tesitura que pueda practicarse con la imaginería verbalizada, versificada. Halos ensoñadores, alamares preciosistas, aureolas áulicas, lujosa lacería, delicadeza serpentina donde la sobrecarga sensual imprime una incesante movilidad ondulatoria. Es el dominio de la voluptuosa voluta, del arabesco que se espirala y difuma antes de perfilar cualquier dibujo. Lezama Lima desobjetiva y desdibuja. Todo está entre la licuefacción (magma) y la volatilidad (nebulosa), todo es muelle y alabeado. En el fluido no enmarcado, la imagen, radiante o irradiante, actúa por emanación y las palabras,

116

diluidas por el fluvial derroche, pierden por completo su autonomía. Mínima determinación semántica se confabula con mínima determinación formal para que ningún sentido preponderante, para que ninguna configuración emerjan de la indistinción inicial.

Fruición por el decir, exceso sin voluntad de estilo. [1] La palabra mana copiosa sin aduanas, el verbo se desmide sin afán visible de musicalizarse, métrica, rítmicamente desmañado. En *Muerte de Narciso* las octavas se van derramando amplificadas por una fuerza centrífuga que no puede ser sujeta a metro. En *Enemigo rumor* (1941) y *La fijeza* (1949) sólo de vez en cuando la adopción del soneto permite contener impositivamente la expansión, pero este canon tan reglado no conviene a la vocación por el desborde. Para Lezama Lima no hay módulo mejor que la incontinencia.

La retórica es superada por una sublimación tan obstinada, por una transfiguración tan empedernida que no pueden sino ser constitucionales. Por la distancia sideral con respecto a la realidad empírica que llega a un incomparable grado de ausencia, por la desobjetivación, por la trasposición exótica, por el culteranismo mitológico, por la imaginería ecuménica, por ese onirismo enjoyado se tiende inmediatamente a incluir esta poesía en la categoría de artificio. Pero no hay una maquinación efectista, un artero empleo de los tropos o los trampantojos: la noción de virtuosismo o de tecnicidad le son casi ajenas. La hiperbolia metafórica no responde a una combinatoria juguetona, a un sport de los vocablos, no es como en Huidobro lúcida concertación de lo aleatorio, arbitrariedad inteligente, sino irrealizante vehículo de ensoñación. Tampoco la metáfora es traslación analógica, figura que encubra sugestivamente el sentido recto (ni sentido común ni sentido único). No es agente de una subjetividad que distorsiona el referente objetivo para manifestarse, que se interpone para personalizar la representación y retratarse, de modo que representar el mundo sea presentar al mensajero o remitir el enunciado al enunciador. Esta poesía no parece regida por el afán autoexegético, no hay una manifiesta individualización autobiográfica, un anecdotario inmediatamente atribuíble a la historia personal singularizada. Lezama Lima no se autoexhibe a través de una relación directa entre su eventualidad y su escritura. Aquí la metáfora no es diversa versión/diversión de lo real verifi-

---

[1] «... desconozco totalmente lo que es mucho o poco en materia de expresión... el cómo y el cuándo escapan de nuestras manos... Lo que me ha interesado siempre es penetrar en el mundo oscuro que me rodea. No sé si lo he logrado con o sin estilo, pero lo cierto es que uno de los escritores que me son más caros decía que el triunfo del estilo es no tenerlo... No sé si tengo un estilo; el mío es muy despedazado, fragmentario; pero en definitiva procuro trocarlo, ante mis recursos de expresión, en un aguijón procreador.» *José Lezama Lima,* Serie «Valoración Múltiple», Casa de las Américas, La Habana, 1970, p. 29.

cable (nunca opera por contigüidad, sino por sustitución con lo distante): la metáfora genera su propio referente. Detrás de la metáfora no está el mundo objetual. La metáfora no figura una realidad recuperable por el desciframiento que enderece lo que la figura revierte, no es el reverso ornamental de un anverso sin adorno. Lezama Lima propone el pasaje a la imaginación omnívora y omnímoda. Poesía equivale a totalidad imaginaria o a cosmología suficiente.

Poesía molitiva: mórbida molicie. Poesía protoplásmica, aparece como manifestación inmediata, precodificada, precategorial, de la imaginación embrionaria. Ni especulativa ni espéculo del mundo, sin valores de construcción o valores arquitectónicos, semeja anteceder toda intelección. Nunca premeditada ni concebida conceptualmente, no discurre por ideas, sino por imágenes. Toda inteligibilidad, incluso la alegórica o la simbólica, resulta escasa frente a un núcleo imaginativo intransferible a pensamiento. Su sintaxis elemental, elíptica, frondosa o anómala, sin rigor constructivo, sin artificios de articulación, prueba que el decurso no es intelectivo. Abolida toda censura racional y realista, la imaginación sin ataduras se libra al imperio de su propio dinamismo. Pero no hay tabla rasa, no hay despojamiento de la herencia histórica, de la acumulación sapiente. Lezama Lima exhibe un enciclopedismo icónico propenso a abundar en referencias culturales. No es un primitivo ni un instintivo puro que se entrega al fluido virginal de una conciencia iletrada. Sus personales mezclas transculturales, transhistóricas actúan como transporte extrañador y sublimante. Si algún conocimiento proponen es el fantasmal de lo fantástico o de la maravilla esotérica.

Lezama Lima alcanza su máxima eficacia poética en la *selva selvaggia* de la fabulación, en la silva y selva floridas, en la maraña oirogenética, cuando se vuelve tan multívoco, tan agramatical, tan distante de la causalidad empírica y de las conexiones objetivas, tan desmesuradamente irrealizante y tan desbordantemente visionario que embarca al lector en la navegación por sus «aguas discursivas» para raptarlo del mundo inmediato, para enajenárselo.

Pleamar imaginaria, extensión del líquido caudal, sueño espumante, chorro polarizador que en el continuo de la profundidad marina actúa más por atracción que por diferenciación. Lezama Lima acostumbra e impulsa a figurar el proceder poético mediante símiles o símbolos marinos, navieros. Propende a la visión acuática, al ritmo caudaloso y a la representación por envolventes ondas concéntricas que expanden su círculo de goce.

Es ésta una poesía empedernidamente hedónica. De inmediato se propone como objeto estético, halagador, sensual, suntuario. Deleite ocioso, desinteresado gozo, arrobo beatífico, saca a quien se entrega al «mentido robador» por completo de todo menester, de toda vicisitud mundanal. Es juego que escinde el continuo de la normalidad convencional. Posibilita el contacto con otra realidad por desacato al orden del realismo utilitario. Implica interregno festivo, ajeno al dominio de la razón pragmática. Paréntesis tempoespacial, permite ingresar a una esfera autónoma. Estado de excepción donde la función lúdica comulga con la poética, tiende a ritualizarse: lo cultural se vuelve cultual.

Triunfo total del principio de placer sobre el principio de realidad: Lezama Lima se aleja al máximo de la verosimilitud realista como si el tenor poético estuviese en relación antagónica con la experiencia factible. Abandona cabalmente el ámbito de lo real convenido para instalarse sin transición en el imperio de lo fabuloso. Por efecto de una fantasía plácida, su poesía es muelle, emoliente: «Un tegumento ablandado, coloidal, donde podemos presionar con el dedo momentáneamente y abandonarnos». [2] Su onirismo mórbido, reacio a la agresión, a la violencia, a la compulsión, se apodera del objeto deseado lenificándolo; lo amansa, lo emblandece unificándolo para asimilarlo al concierto acordado por la armonización tonal.

A partir de *Aventuras sigilosas* (1945) hay un descendimiento del nebuloso discurso en altura o del laxo discurso en superficie a otro más somático, más entrañable. Para representar el adensamiento de una sensualidad más visceral, las imágenes incrementan su carnalidad. El afán de concretar corporalmente las impele a la penetración material para instalarse en el seno de las sustancias primigenias. Por vía de la húmeda disolución, de lo albuminoideo, de un zoomorfismo larval, la imaginación aposenta en la intimidad del barro embrionario, se incorpora al mundo naciente de lo preformal.

Volatilice o densifique, Lezama Lima concede la omnipotencia a una fantasía engendradora de su propio universo. La imagen equivale a pantocrator, ejerce la suma potestad en la suma mutabilidad, recalcitrante a cualquier fijeza formal o categorial, a cualquier análisis o síntesis. Total efusión y total fusión, precede todo deslinde. En esta poesía no puede haber progreso; el avance es el de su despliegue. La tendencia es más bien retroactiva, de vuelta al origen, a la conjuntiva confusión del principio.

Hasta *Dador* (1960), la misma «incestuosa voracidad», el mismo «laberinto derretido», el mismo «trompo androginal», la misma centrifugación que rehúye entramarse en «hilado tegumento sustantivo», igual «sobreabundancia lanzada a la otra orilla carnal», igual «aprehensión análoga» con «el único ojo de la imagen», igual fluidez errante para que la escritura capte «el análogo que necesita la visión». Siempre la remisión al «origen sustitutivo» donde todo es dable, relacionable, intercambiable, la misma deriva de las «letras terrenales»

[2] José LEZAMA LIMA: *Introducción a los vasos órficos,* Barral Editores, Barcelona, 1971, p. 9.

por «el origen maternal de las aguas», el mismo «remolino medusario / del unificado dios de la lejanía», igual «indistinción caminadora» hacia «lo semejante primigenio».

Por ahí aparecen protoanécdotas, prehistorias, impulsiones narrativas o pasajes reflexivos que nunca desprenden del todo el ciempiés de la urdimbre imaginativa. Todo es envuelto y devuelto por el *«Eros relacionable* a la madeja de los entrecruzamientos». Ritualidad se conjuga con teatralidad, referencias legendarias con símbolos iniciáticos, suntuosidad cortesana con sublimación para dotar al poema de atmósfera epifánica. El regocijo y el regodeo residen en la amplificación que la omnipresente arborescencia metafórica opera para abolir todo divorcio, toda distancia. Es la entrada en el reino de los semejantes, donde cualquier asociación se vuelve posible, donde el ser, el estar, el existir, el obrar, el acaecer pueden aventurarse por ventura de la metáfora generatriz hacia la ilimitud de lo incondicionado.

No obstante su ilogicismo, la poesía de Lezama Lima está promovida por una preceptiva teologal, explayada en abundantes, abundosos y también multívocos ensayos, sobre todo en su *Introducción a los vasos órficos.* Dotada de poder lustral, catártico, demiúrgico, poesía se liga con sortilegio o conjuro. El poema, en tanto suspensión, retiro, necesita de una impulsión gratuita para acontecer; se asocia con ocio delicioso, con deleitoso juego, con estado de holgura, de holganza, de jubilación concupiscible para acceder por la palabra a lo que las palabras no alcanzan. Visión fruitiva y beatífica, remite a lo inefable, a instancias supraempíricas, supraverbales, a una edénica insularidad. Visionaria, iniciática, la poesía es *hipóstasis,* unión de la naturaleza humana con el verbo divino. Intramundo, entrevisión, entreoído, es convergencia fulgurante, errante análogo de lo estelar que gravita y lo telúrico que levita. Compensa por sustitución la pérdida de la verdadera naturaleza. Ser prolífico y proliferante, es la sustancia de la unanimidad, la potencia concurrente, la ejecutora de lo imposible creíble o imposible sintético. Pneuma o hálito revelador, conduce al punto órfico, a la aprehensión de lo indistinto primigenio. Aleteante poliedro, es el análogo de infinitas equivalencias, el uno procesional penetrando en la suprema esencia.

Espacio hechizado, sala de baile, escaparate mágico, ópera fabulosa, es la escena privilegiada de las transfiguraciones. La realidad poética dilata la imagen hasta el último lindero, hasta la línea donde lo imposible, lo no adivinado, lo que no habla, se rinden a la posibilidad. Transporta a una región donde la sobreabundancia anula el determinismo empírico y el contrasentido lógico. Restituye al reino del relacionable genésico, moviente como los torbellinos con sus inapresables ejes traslaticios. Digestión metamorfósica, la poesía es *logos spermatikós* capaz de mutar el germen de la palabra en verbo universal, de volverlo partícipe de una infinita posibilidad reconocible. Indescifrable concentración de potencialidades, despierta un enloquecido apetito de desciframiento.

Verbo carismático, se le atribuye el máximo poder de reminiscencia. Despertadora de la conciencia palpatoria, la poesía reconduce al amanecer de lo desconocido, incorporándolo como soplo. Copista en éxtasis, rotador de la unanimidad, el poeta accede así al espacio de la iluminación sustancial, a la espejeante sorpresa de la revelación. Poseedor del más cambiante y turbulento instrumento de aprehensión, se retrotrae al reino donde lo primigenio indistinto opera el apoderamiento, donde la causalidad se liga con lo incondicionado, donde el absurdo engendra su razón.

La poesía devuelve a la memoria germinal, anterior a la reproductiva. Para Lezama Lima la reminiscencia se apoca y empobrece al pasar del germen a la forma, de la visión a la escritura. Propone y practica el camino inverso: el retroceso de la menos forma factible al estado germinativo, el abandono de los cuerpos para reintegrarlos a su misterio prenatal.

Mientras que en su poesía provoca la máxima apertura semántica, teóricamente busca construir una estética de inspiración escolástica. Imbuida de metafísica, mitología y teocentrismo, la propone como sistema poético del mundo. La basa en el poder conectivo y metamórfico de esa «oscuridad audible» que es la metáfora o análogo, capaz de reducir la totalidad a materia comparativa. La metáfora traza el curso/transcurso, establece el territorio del poema. Con su omnipotencia analógica avanza hacia la imagen, fija y unitiva, que representa la realidad de lo invisible. La *poiesis* consiste en la dilatación de un movimiento metafóricamente expansivo, en engendrar por la metáfora un cuerpo resistente al que la imagen dota de pervivencia y cohesión. La poesía es el tiempo sustantivándose en un cuerpo.

Lezama Lima fundamenta su concepción del mundo en la imagen como absoluto. Así, el ser surge a la plenitud en la conciencia de saberse imagen habitada de una esencia una y universal. En toda sentencia poética hay un punto errátil al cual remiten las combustiones del lenguaje en sus sutiles pulsaciones de pneuma y sentido. La imagen dota de sentido tonal a la diversa suma de sentencias de impulsión discontinua y arremolinada. Entabla un concertante contrapunto intersticial entre los enlaces y las pausas. Asegura la conducción concordante de lo temporal. Una causalidad hilozoísta, supraempírica, conecta las infinitas seriaciones de la metáfora dentro del continuo aportado por la imagen. La capacidad asociativa o contrapuntística de la imagen amalgama en cuerpo poético la causalidad sucesiva de la metáfora. Agente de las coincidencias fortuitas, de los

121

reconocimientos rutilantes, de la gravitación de irrealidades y de la levitación de realidades, la poesía asienta la duración entre la progresión metafórica y el continuo de la imagen.

La imagen es la sustancia de lo inexistente. Permite remontar de lo condicionado al condicionante, de la causalidad al causante en la infinitud En la poesía, lo incondicionado encuentra la imagen del mayor posible conocido.

Al develar el ser universal o lo primigenio del ser, la imagen, carisma de verbo, supera toda transgresión. Capaz de convertir por medio de la semejanza unánime lo irreal en natural potenciado, entraña un desmesurado acto de credibilidad. Suma creencia se convierte para Lezama Lima en suma caridad. Así la imagen se vuelve agente de las virtudes teologales y la poesía, ejecutora de la participación humana en el Espíritu Santo. Plenitud poética se equipara con catolicismo.[3]

Lezama Lima se nutre más que del sueño individual del colectivo, de las cosmogonías. Persigue la hipóstasis de la poesía en la imaginación de los pueblos, en esos universales fantásticos que llama las eras imaginarias, cuando la imagen actúa sobre lo temporal histórico como un acarreo coral de multitudinarios destinos regidos por idéntica finalidad. Entonces se plasma la unión de lo real con lo invisible, la causalidad metafórica cobra vida e instaura el reino de la poesía. La era imaginaria surge del fondo milenario de una cultura como cristalización arquetípica. En la errancia de lo inadvertido se esboza de pronto un agrupamiento regido por inexplicables exigencias; un destino indescifrable lo compulsa a constituirse en clave. Lo que fue hecho excepcional se generaliza, suelda intencionalidad y situación, establece un remolino aparte como congelado para la visión. La era imaginaria cobra así contorno, adquiere la plenitud de su representación; se vuelve un centro temporal, modelo sujeto a constante reiteración. Es la punta de imantación unitaria de una inmensa red o contrapunto cultural. Para Lezama Lima la historia de la poesía consiste en el estudio de las eras imaginarias. Es, en tanto estudio de estas imágenes y de su expresión, permanente historia sagrada.

La más remota era imaginaria es la filogeneratriz que comprende las legendarias tribus de los idumeos, los escitas y los chichimecas; estudia lo fálico totémico y todas las antiguas formas de reproducción, desde la sexología angélica hasta el andrógino del Zohar. La

---

[3] «Sólo ha podido habitar la imagen histórica, tres mundos: el etrusco, el católico y el ordenamiento carolingio, pero es innegable que la gran plenitud de la poesía corresponde al período católico, con sus dos grandes temas, donde está la raíz de toda gran poesía: la gravitación metafórica de la sustancia de lo inexistente, y la más grande imagen que tal vez pueda existir, la resurrección.» *Ibíd.*, p. 114.

segunda era se vincula con lo tanático de la cultura egipcia. La tercera estudia lo órfico y lo etrusco, de donde proviene la noción de *potens* o de la posibilidad infinita, cuando lo imposible actúa sobre lo posible para engendrar un posible en la infinitud. Otra era imaginaria corresponde al período cesáreo y al merovingio, es la etapa del rey como metáfora. La siguiente es la de la sabiduría taoísta: la biblioteca confuciana, la biblioteca como dragón. Luego vienen la del culto de la sangre en druidas y aztecas: la sangre como agua y fuego; la de las fortalezas de piedra, que liga las incaicas con el Diluvio bíblico, hasta llegar al período católico con los conceptos de gracia, caridad y resurrección. Si la poesía encarna el *potens* o la infinita posibilidad y la mayor de las posibilidades es la resurrección, la poesía está destinada a encarnar la causalidad prodigiosa del ser para la resurrección. Así, las eras imaginarias arriban a José Martí y a la Revolución cubana, donde la posibilidad infinita se otorga a la pobreza irradiante, al pobre que sobreabunda en dones del espíritu.

El sistema poético de Lezama Lima se mueve a través de la historia universal estableciendo distantes puntos de referencia, entre los cuales entabla una personal proyección contrapuntística. Su discurso se apoya en resonadoras sentencias, pilotes de su temeraria construcción teórica; conecta la creencia como acto de caridad de San Pablo con lo imposible creíble de Vico; «Lo máximo se entiende incomprensiblemente» de Nicolás de Cusa con la reflexión pascaliana sobre la naturaleza perdida, y por sinuoso y arborescente decurso, pleno de interpolaciones, se obstina en la búsqueda y fundamentación de lo incondicionado poético. Para alcanzarlo, para llegar al mayor posible conocido, para conseguir la sustancia de lo inexistente propone caminos o conductas como la *vivencia oblicua* y el *método hipertélico*.

La vivencia oblicua se cumple entre la oscura progresión asociativa de la metáfora, con su fuerza de desarrollo no causal, y el reconocimiento de la imagen. La metáfora genera una situación simbólica que, al penetrar en la imagen, deviene oblicuamente configuración de un espacio hechizado abandonándose a la infinitud causal. La vivencia oblicua sorprende las inusitadas tangencias del mundo de los sentidos. [4] Es sucesiva, lenta irradiación de las figuras visitadoras, imponderable combinatoria espacial. Su contrario, el *súbito*,

---

[4] «Lo que me gusta y sorprende son las inauditas tangencias del mundo de los sentidos, lo que he llamado la vivencia oblicua, cuando el timbre telefónico me causa la misma sensación que la contemplación de un pulpo en una jarra minoana. O cuando leo en el *Libro de los Muertos,* donde aparece la grandeza egipcia en su mayor esplendor poético, que los moradores subterráneos saborean pasteles de azafrán, y leo después en el diario de Martí, en las páginas finales, cuando pide un jarro hervido en dulce de hojas de higo.» *José Lezama Lima,* p. 33.

fulmina: manifiesta lo incondicionado como totalidad en una fulguración instantánea. El método hipertélico alcanza la raíz poética al sobrepasar todo determinismo por superación de su finalidad. En el transcurso configurativo de la sobreabundancia, la *poiesis* es solicitada por una desaforada absurdidad, por una desmesura cuya oscuridad se vuelve primigenia potencia penetrante, descifradora y descifrable.

El poema instaura un sentido que lo sobrepasa, inapresable pero coexistente. Así como la red de asociaciones sensibles remite a una voluptuosa extrasensorialidad, hay que distinguir el sentido como proyección inmediata del contrapunto metafórico y el sentido como resultante tonal, un sentido que intercomunica englobando lo sucesivo y trascendiéndolo: un sentido impracticable pero evidente. Lezama lo llama la *prueba hiperbólica,* o sea, la hipóstasis o encarnación de lo invisible, inaudible, inasible en sustancia poética de rotunda significación: «La poesía como misterio clarísimo o, si usted quiere, como claridad misteriosa».[5]

Intento esclarecer (empobreciendo) la teología poética de Lezama Lima, cuyo pensamiento entrama inseparables imagen y concepto, remitidos siempre a la infinita abertura, al verbo universal donde *gnosis* y *phisis* comulgan unívocas. Pero si no compartimos su crística, su angiología, su teosofía de la transustanciación de lo poético en divino, podemos retrotraerlo a escala antropológica para interpretar su proliferación imaginante, su absolutismo de la imagen. Reconocida como actividad oscura, esta poesía evita la formalización razonada para recuperar la energía original de la imagen, pululante y expansiva. La imaginación no ilustra didácticamente el pensamiento, asegura la primacía de lo transitivo sobre lo sustantivo o estático. Lezama Lima busca situarse antes o después de la constitución de los conceptos, desalojar la determinación intelectual para que no concatene, para que no codifique categorialmente los estados de conciencia. Quiere recuperar la fecundidad originaria con su supremacía del sentido figurado sobre el propio o recto, restrictivo y represivo. Quiere volver al dinamismo fundamental de la vida psíquica, a la imagen no como remanente de la sensación o significado degradado, sino al gran semantismo primordial que es la matriz a partir de la cual se desplegará el pensamiento racional. Quiere volver a la polución del comienzo, prelógica, prelingüística, retornar a lo imaginario precedente que es fondo y origen.

La imagen no es lineal ni sucesiva, no opera por encadenamiento discursivo, sino por constelación, por haz, por enjambre. Más espacial que temporal, actúa por acumulación iconográfica de símbolos. Su espesor semántico proviene del cúmulo donde todo se im-

[5] *Ibíd.,* p. 65.

brica con todo en todo instante, proviene de su multivalencia pluridimensional.

Lezama Lima regresa a la actitud asimilatoria de la imaginación primitiva, donde los acontecimientos perceptivos son pretextos oníricos. Reactores de la ensoñación, obran como campos de fuerza dentro del continuo equiparador de lo imaginario. Entrañan un simbolismo naturalizante ligado con las epifanías cosmogónicas.

La poesía de Lezama Lima es la de la potencia apetitiva, la de la fruición beatífica, la de la jubilación concupiscible, porque en ella la imaginación establece el acuerdo armónico entre sujeto y mundo, entre el deseo y lo objetual, entre las pulsiones y el entorno material y social. Merced a esta intermediaria irrestricta, la representación del objeto apetecido se libidiniza, se deja asimilar y modular por los imperativos pulsionales del poeta. Así, Lezama Lima concierta, en una constelada convergencia homológica, el plácido flujo de su sobrenatural sobreabundancia, así concilia lo diferente, lo divergente, proyectándolo al edénico dominio diurno de la equivalencia funcional y morfológica.

En los poemas de Lezama Lima hay un inicio que no es principio, no hay sentido progresivo o progresión descriptiva. La evocación fluvial, dispar, rehúye la forma porque rechaza todo límite, toda restricción de su movilidad. La imaginación es movimiento afectivo de factividad no sustantivada. Es zona matricia, dinamismo promotor, preliminar a los detenimientos nominales. Procede por flujo asociativo de representaciones sensibles que convergen en puntos de condensación donde acuden a cristalizar los símbolos.

Lezama Lima practica la hegemonía de la imagen hiperbólica e hipertélica, practica la saturación metafórica para desalojar a la inteligencia conceptual como modeladora de la realidad. Acopla las más dispares imágenes para que el entendimiento no se detenga en los signos, vaya directamente al sentido que reside en la visión, para desplazar la intelección hacia una intuición fundamental: la de la espontánea unanimidad del orden natural sobrenaturalizado.

ALBERTO GIRRI: LA ELOCUENCIA DE LA LUCIDEZ

Alberto Girri desarropa su verbo, lo descarna despojándolo de seducciones sensoriales y de melodiosa sentimentalidad. Dotada de severa andadura conceptual, su poesía es más reflexión que representación —«El sentido, más que la belleza de las manzanas»—. El acto poético es una especial indagación intelectiva que a menudo desemboca en el enjuiciamiento. La seducción proviene de ese discurso conciso, de ese decurso preciso y necesario. Poesía gnómica, adopta las formas del discurso cognoscitivo: elocusión casi prosaria, sintaxis clásica, articulada con el rigor virtuosista de los poetas del barroco, disposición concertante, diseño silogístico. Gemas geométricas, exactamente facetadas, los versos tienen tersura sonora, pero no encantamiento fónico; no constituyen andadura rítmica, sino ideográfica.

Esta poesía describe, define, valora un referente mitad mundo mitad letra, mitad realidad mitad texto. Es decir, un mundo donde la literatura es una mediadora indispensable para aprehenderlo; una realidad donde los libros son un componente con igual o mayor entidad que los hechos fenoménicos. Girri discurre en una intertextualidad permanente (actitud contraria a la del vitalismo arrasador que reniega de bibliotecas y museos); su relación con el mundo es letrada y la cita de autoridades constituye una sanción en última instancia.

Pero, a la vez, la letra es «ambigua selva»: lo que figura, desfigura; las palabras son instancias que distancian, «fallidas incursiones», símbolos y por ende fantasmas; el poema, un tanteo, un acuerdo condicionado, un amordazador de ese saber último que Girri persigue denodadamente: «apoderarse / de la totalidad atreviéndose / a lo banal absoluto de escribir» [1].

---

[1] *En la letra, ambigua selva,* Editorial Sudamericana, Buenos Aires, 1972, página 89.

Para Girri —un *fabbro*—, la poesía es «mecanismo verbal» montado con exacto ajuste, «sistema de correspondencias» basado en metáforas de andamiaje razonador. Nunca juglaría ni jugueteria: constante mensajería. Ninguna gratuidad, nada lúdico: palabras poliedros, palabra apodíctica, estilo sentencioso, poesía epítome, poesía epigramática. Más que eros: gnosis, ethos. «A la universalidad por la impersonalidad»: el decir, por su neutralidad expresiva, parece impasible; evita todo verboso énfasis, toda patética altisonancia; nunca es interjectivo; no busca la sugestión por la incongruencia (el enrarecimiento sólo puede provenir de la densidad conceptual); tiende a ser unívoco (los enigmas no están en el significante, sino en el significado), como en una disquisición filosófica.

El dictum de Girri es un buen antídoto contra ciertas debilidades hispanoamericanas: el telurismo ampuloso y glandular, el neopopulismo sensiblero, el pianto egocéntrico, el psicologismo confesional. Palabra reducida a osatura (desnuda de «escolares / retóricas idolatrías»), donde toda enunciación se vuelve necesaria (Girri persigue y alaba la belleza como perpetuo punto de equilibrio: «Validez de lo inmóvil»: «lo duradero es estático»); el poema quiere ser inexorable: una concatenación a la que no pueda quitársele ningún eslabón.

Como los metafísicos isabelinos (sus maestros), Girri se intemporaliza; parece escribir al margen de su época, sin relación con su inmediatez, con lo circunstancial y circundante. Su condicionamiento (su historia, la nuestra) está filtrado, neutralizado, distanciado por esa *logopoiesis,* esa intelección que busca sobre todo y apasionadamente la clarividencia (clarividencia negativa: pesimismo creador).

Alto grado de abstracción, poco frecuente en nuestra poesía. Girri atenta contra un acendrado prejuicio romántico: la poesía como suspensión del juicio, como rapto que anula la conciencia reflexiva. Ninguna intimidad con el lector; el mensaje está allí concebido como texto sin la ilusión de creerlo encarnación palpitante del autor. El poema es epítome del yo, pero ese yo sólo le infunde su ritmo, cadencia propia pero no propia sustancia, porque según Girri: «cuanto pesa y decide se produce / fuera de la esfera de lo personal». [2]

Guirri reduce el ilusionismo de la representación figurativa, escatima las carnadas sensuales, quiere un lector maduro, un interlocutor ante todo inteligente, que posea la serenidad del nihilista. En su poesía, los medios verbales no interfieren, no distraen del mensaje, nunca se liberan de las tensas bridas del mensajero; están ceñidos a comunicar sabiduría. Las metáforas son epistemológicas, ilustradoras del conocimiento.

---

[2] *Ibíd.,* p. 40.

127

Pulimento unificador para eliminar desniveles, altibajos, obstrucciones en el despliegue armonioso e impertubable (no diferido ni ramificado). Esta poesía se basa en el concierto, en la consonancia; poesía unitaria, refrena la tendencia a la dispersión, a la inestabilidad, a la diversificación, evita las rupturas, la discontinuidad, limita la polisemia. Lenguaje protocolar, canónico, sólo incurre en prosaísmo propios de un estilo erial, despojado de lo accesorio, reconcentrado.

Girri establece poca comunicación con la naturaleza; ella interviene como uno de los referentes posibles sin privilegio especial (poeta poco corporal). El mundo humano es un ámbito cultural emancipado de la naturaleza. Girri no cultiva ningún naturalismo, ningún panteísmo, ninguna barbarie, ni la natural. El suyo es mundo elaborado, colonizado, urbanizado, letrado, literario. La poesía para él es cosa mental, craneana.

Girri busca empedernidamente un absoluto, aunque sea negativo, quiere escapar a la contingencia, superarla filosóficamente, elaborándola, abstrayéndola, confrontándola analíticamente (a menudo con modelos literarios), generalizándola, sometiéndola a norma, regla, medida, es decir, a una causalidad razonada. Intenta llegar por el poema a un saber definitivo y definitorio: el apodigma, la sentencia conclusiva: «Y arribas a la proposición capital». El poema se vuelve proceso de esclarecimiento y condensación, un saber último que por fin es dubitativo, incierto, relativo. La imposibilidad actual de una concepción del mundo sistemática, de una escolástica, de una axiología inmutable hace que el saber enciclopédico colinde con el agnosticismo escéptico. El rigor desemboca por paulatino despojamiento en la nada.

DE LO LUCIDO Y LO LUDICO

En *Informe personal sobre la situación* [1] Jorge Enrique Adoum muestra el recorrido de su poesía. Los textos elegidos por su autor a partir de *Ecuador amargo* (1949) —Adoum nació en 1926— inscriben un avance a la vez cronológico y estético. Principian por una palabra de pulcra factura que intenta convertir otras voces (influencias detectables) en la suya propia; esta transformación se hace sobre todo patente en *Los cuadernos de la tierra* (1952-1962), donde se opera el tránsito de una escritura mimética (básicamente nerudeana) a otra singular, autónoma. El proceso culmina con *Curriculum mortis* y *Prepoemas en postespañol,* dos últimos libros aún inéditos, rematando en una palabra cada vez más afincada en la expresividad específicamente lingüística. El discurso de Adoum podría sintetizarse como el pasaje de los lenguajes protocolares a un coloquialismo personalizado. El cambio es más bien instrumental que temático. El principio amalgamador de su diversa producción lo constituye no una unidad tonal, de registro o de medio expresivo, sino la pervivencia obstinada de los mismos motivos, ejes obsesivos, fijaciones ligadas al anecdotario vital del poeta, a su situación, a su propia espesura subjetiva.

En *Ecuador amargo* la poesía es el decantador que opone su poder de sublimación a una realidad desesperante. La estilización obra como recurso de embellecimiento para trocar la experiencia de un contexto oprimente en sustancia poética. Adoum quiere aliar sus imperativos éticos (denuncia y combatividad sociales) con los estéticos (tratamiento enaltecedor). Las alternativas cotidianas (frustraciones personales entramadas con la lucha política) se tamizan con el filtro de la lengua noble. Las restricciones empíricas son sobrepasadas por el desborde imaginativo o por la infusión, fusión y efusión de un lirismo amplificador. La fábula y el canto permiten al yo

---

[1] Colección Aguaribay, Madrid, 1973.

fáctico y axiomático superar sus impedimentos; por lo menos en la escritura.

Los cuadernos de la tierra contienen la producción de un decenio durante el cual Adoum intenta su «Canto general» del Ecuador: poetizar la historia de su país o historiarlo poéticamente. Comienza por el mundo precolombino, por su poesía ritual, hierofánica, inspirada en la liturgia incaica. En *Dios trajo la sombra* confronta la cosmovisión indígena con la hispánica, la una consustanciada con la tierra y los misterios naturales, la otra, su opósita, imbuida de codicia cruenta, de pragmatismo avasallador y de tenebrosa religiosidad. Pizarro es el bastardo, el advenedizo que huye de su miserable condición metropolitana y se lanza con resentimiento implacable a adueñarse de un continente. Adoum acentúa el contraste entre la poquedad de su origen y la riqueza y títulos con que la corte premia a su proveedor de apropiamientos ilegítimos y botines sanguinariamente saqueados. Para dotar de verosimilitud lingüística a sus personajes, Adoum recurre a leves arcaizaciones; los indios son transcriptos en lengua ceremonial, salmódica, y los conquistadores en un castellano clásico, con irrupciones prosaicas que infunden rudeza.

Es en *El Dorado y las ocupaciones nocturnas* donde se perfila, hasta hacer eclosión, la poesía de madurez, la tercera vía: el coloquialismo enriquecido, embebido por un humor irónico, el de los sutiles trastocamientos de frases hechas, el de la complejidad semántica producida por esa modulación tan matizada que caracterizará desde entonces la obra de Adoum. Dos vertientes divergen, dos registros se oponen. La una, heroica (la de la gesta de la conquista, la de las rebeliones indígenas y los alzamientos populares) se transmite con verbo mayestático. La otra, personal, es su antítesis y se dice en lengua familiar; comunica una visión nihilista, desintegradora, una realidad restrictiva que empedernidamente menoscaba, la usurera cuyos mordiscos y mutilaciones son compensados por el humor mordaz, por esa ironía pesimista que establece distanciamiento intelectual, un desdoblamiento entre el ego víctima y otro contemplativo que se mofa de sí mismo y de sus verdugos.

El presente es enteramente subsumido por la corrosiva negatividad: ciudades vacuas, surgidas de una fundación arbitraria que plantó un estandarte de posesión sobre la nada; mestizaje que inaugura una progenie de padre abusivo, nacida de la violación; historia soldadesca; tierra enajenada y alambrada; indios desnaturalizados, esclavizados, exterminados. Una realidad opaca, estacionaria, un país irredento, la rebelión que se atarda demasiado, la historia convertida en un hotel barato, los mártires relegados al olvido, el pasatismo por doquier, la inoperancia, la miopía general, el despotismo, el militarismo, la rutina retrógrada. El balance es insistentemente negativo:

No han ido bien las cosas este siglo.
Quien odió dejó abierta la ventana, cambió
en el cielo el ala del cernícalo. Está lejos
el gallo, su fulgor de disturbios, poblaciones
borrachas de ángel, reverbero furioso. Hay
aduanas derramadas, un zaguán, conspiraciones
mixtas, se han juntado la dama con el as de espadas
(parece que fornican) y soñé un victorioso
ejército de hilachas.

(Nigromancia)

La vacuidad de ese tiempo detenido invalida el calendario, frustra, usa, deserta, avecina la muerte. Adoum vive su odisea adversa, su descenso hacia el anonimato, hacia el anonadamiento; la cerrazón concéntrica (país, ciudad, amigos, círculo familiar) instaura esa biografía del despojo, del cercenamiento cotidiano. La vida es seca soledad, ruinosa ecuación de ceniza:

Profecía del tiempo y a la vez su despojo:
nubes bajas para hoy (y cae, cae,
lenta harina turbia, todo lo carcomido,
y se queda tosiendo hasta muy tarde).

(El polvo)

El eje muerte atraviesa hegemónico la poesía de Adoum. Tanta tribulación anuladora no puede sino concluir en exilio:

Y no pude seguir desaprendiendo a pura
historia, y no puede apretarle el cinturón
al corazón para que aguante. Mejor nos fuimos,
prójimo y yo, a rehacer lo roto, los vestidos,
a preparar las vísperas.
                    Aún no he vuelto
y no sé cuándo volveré a morir: no tengo tiempo.

(No es nada, no temas, es solamente América)

En *Curriculum mortis* se prolonga ese pesimismo lúcido que en *Prepoemas en postespañol* se volverá lúdico, como si la ampliación de la libertad de escritura fuese compensatoria de la compresión existencial. La pérdida de la tensión dramática es contrabalanceada por el acrecentamiento de un humor amargo y melancólico. Ambos libros ofrecen el muestrario de las desilusiones asumidas por un poeta antihéroe (antirromántico). Su conciencia está desgarrada por el abismo que se ahonda entre la realidad que apoca y deseca, y las esperanzas juveniles donde el ansia de plenitud personal se amalgamaba con la de redención social. Con Adoum instalado en Europa, empedernidamente inadaptado, su poesía se traslada a un contexto manifiestamente urbano, a la metrópoli moderna contra la cual descarga una crítica acerba, acíbar. Adoum condena la alienación de esa vida apoltronada, atrofiada: amor tarifado, somníferos para paliar la neurosis o psicoanálisis que escarba en la prehistoria genital, trabajo mecanizado, vacaciones en majada, información epidérmica, meramente acumulativa, la vacuidad crasa de los domingos, la coersión social que impone un consenso anulador, una supervivencia desierta, donde el prójimo es casi una abstracción. Y la paradoja de la época: máxima incomunicación en la era de las comunicaciones.

Reificado, Adoum infunde a los objetos cotidianos su sentimiento de desolada frustración, ellos son transitivamente los delegados del sujeto que padece la mengua diaria, un vaciamiento que invalida vida y muerte:

> con hambre y hembra este hombre
> surreal su realidad
> desretratado en su pasaporte
> descontento en este descontexto
> trabajando y trasubiendo
> para desagonizarse de puro malamado
> queriendo incluso desencruelecerse
> pararse a reparar y repararse
> pero no le da tiempo
> esa república sepulterería pública
> y sigue remuriendo en un círculo virtuoso
> de su larga desmuerte enduelecido

(Epitafio del extranjero vivo)

Este humor agrio, presidido por una visión corrosivamente nihilista, concluye en una especie de absoluto negativo, pero sin patetismo. Adoum atenúa su desgarramiento, no exterioriza como Vallejo un sufrimiento revulsivo, no libera un ego energuménico. Con mansedumbre delicada, sus estigmas afloran intersticialmente. A lo sumo sale una púdica espina para no abrumarnos mostrando las tripas revueltas:

> ... Y te quedas,
> anacrónico e hijo de vecino,
> carajeando a James Bond en tu sillón de ruedas,
> con tu hígado malo y tu aspirina
> conyugal inútil, y tu decoro
> tiene un dolor de cabeza
> respetable, urbano, incorruptible.

(Elegía a uno mismo)

No quedan en Adoum maduro resabios del titanismo demoníaco, de la grandilocuencia borrascosa, del telurismo catastrófico, o de la violencia seminal de cierta poesía latinoamericana. Pero su escritura se arrebata y arrebola cuando la nostalgia acucia y colma con el recuerdo candente de la patria:

Por ejemplo, yo también diz que tuve una patria,
domingo hecho pedazos, caminos de herradura del alcohol
por donde pasa el páramo con su música a otra parte
y no puedo olvidar una sola de sus flautas de agua triste,
Allá la lluvia cae de la noche, atraviesa techos de humo,
gotea al cuerpo, empapa el jergón de hojas y de hijos,
moja el agrio sueño del hombre, le pudre el alma debajo.

(Versión de un testigo presencial de la lluvia)

La lengua coloquial da a esta poesía su módulo idiomático. El coloquialismo implica optar por la lengua viva, popular, provoca la pérdida de la neutralidad verbal, es un puente de cotidiana familiaridad, de fraternización con el lector. Adoum utiliza eficazmente las coloraturas, lo sabroso expresivo, la capacidad gráfica de lo coloquial, pero desautomatizándolo, reelaborándolo con una conciencia vigilante que atenúa lo regional y lo enriquece mediante sagaces mutaciones. La lengua conversacional da la base operativa, el canon elocutivo; Adoum la modula y la adensa semánticamente.

En *Prepoemas* (poemas germinales, potenciales, preformales) *en postespañol* (a la básica formalización lingüística se añade una suplementaria: la específicamente poética), los textos se abrevian, se aprietan apartándose de la elocución discursiva; las palabras concentran más carga significativa, se metamorfosean y acoplan gestando compuestos y formas neológicas; los principios de composición y derivación se ponen al servicio de una creatividad que juguetonamente las aprovecha como impulsiones poéticas: sustantivos que se verbalizan, empedernido adverbialismo, prefijos tomados como módulo para múltiples variaciones, etc. La combinatoria verbal y el arreglo fónico complican y enriquecen esta escritura apartándola del discurso natural. La normalidad es desplazada por la invención que revierte lo usual, que no disimula los mecanismos de producción textual bajo una cobertura de espontaneidad aparente. La naturalidad no constituye ya un presupuesto estético, un imperativo categórico. El yo de la enunciación deja de ser efusivo, se vuelve menos egocéntrico, menos autoexpresivo, menos confesional, sin perder por ello intensidad poética. No es que Adoum propenda a un verbalismo autosuficiente; intradérmicamente pulsan sus constantes imaginativas y temáticas. La palabra no se circunscribe a resonar lo sonado, a revivir lo vivido, a memorar lo memorado; dice no sólo al sujeto emisor del poema, también se dice a sí misma.

ROQUE DALTON: EN LAS BOCACALLES
DE LA HISTORIA

De sus muchos años de militancia, de sus convicciones revolucionarias, de su permanente combatividad, de sus cárceles, de su errancia, de sus exilios, de su dúctil e inquebrantable fidelidad a la lucha por la liberación de su pueblo, de su retorno al frente de batalla, arma en mano, pueden atestiguar quienes lo acompañaron, quienes guerrearon a su lado. Y todo testimonio y todo veredicto le será favorable. Yo quiero alabar esa otra pelea complementaria que Roque Dalton libró como poeta en el campo de la producción textual. Pelea por preservar la complejidad significativa, la movilidad dialéctica, la multiplicidad polifónica, la pululante proliferación, la simultaneidad disonante, la fluida polisemia, la pluralidad dialógica en la interpretación y representación de la realidad. Pelea por preservar, con tanto humor como lirismo, el gamado claroscuro, los altibajos contrastables entre mano y contramano, entre marca y contramarca, entre posición y contraposición, el contrapunto de una experiencia personal del mundo de todos, mundo donde siempre buscó insertarse como activista. Pelea por no enajenar, en aras de la urgencia simplificadora a la que respondió como soldado, las exigencias inherentes a la configuración de la palabra, a la figuración por la palabra. Pelea contra toda preceptiva dogmática, contra toda estética congeladora, contra todo exceso de determinación ideológica. Pelea por conjugar concretamente, fuera de todo estrellato o de discusiones de salón, avanzada política con avanzada poética.

Notorio es el proceso de apertura de sus signos, la conquista de la plurivalencia polimorfa, de la diversificación discursiva e instrumental, su gradual abandono de los protocolos establecidos, de los modelos acordados, su contravención de los encuadres usuales para llegar a comunicar un acontecer textual tan rico como su referente extratextual. El camino que va de *El mar* (1962) a *Taberna y otros lugares* (1969) transita del telurismo tropical, de la sobrecarga altisonante, de la hiperbólica distorsión, del aluvión metafórico, de la onirogénesis alucinada, de la calentura visceral, de la verbosidad seminal (poesía sementera / poeta semental), de la posesa y posesiva, de la pastosa palabra carnalizada a una más prosaica, más lúcida, más coloquial, más lúdica, más experta, más incidental por su inmediatez anecdótica, por su ligazón explícita con la tangible contingencia del poeta, con la historia individual y colectiva. Al patetismo tenebroso y rimbombante del régimen nocturno, a la impronta rapsódica de los descendimientos convulsos al fondo del fango genitor, sucede un ascenso a la superficie del acaecer cotidiano transcripto vivazmente por un registro mudable, por un discurso dispar, polivalente, metamórfico, politonal, imprevisible, con las rupturas y los desniveles humorísticos de *Taberna*.

El turno del ofendido (1964) parte altísono de la barbarie pomposa, de una lujuriosa teatralidad que pone en escena a la par ángeles depravados, monstruos de seda y jaurías de cobalto. Dalton tañe la cuerda lóbrega, la de la palabra pulsional; pulsa la intensidad siniestra de un eros disolutor, perverso, que ampulosamente compele la imaginación a aposentarse en la profundidad de las confusas mezclas. Todo es desgarradura, derrumbe, precipitación, zozobra, vértigo, ceguera. Visión desintegradora afecta a figurar con trágica hinchazón los clímax macabros del desenfreno destructor.

Dalton parte de la poética mítico-metafórica, de la fluvialidad fabulosa, del derrame de una imaginación amplificadora y transfiguradora, de la sobrecarga y el abigarramiento fantasioso, de la fantasmagoría taciturna de los tremendales, del idioma turbión, de una telaraña desastrosa. La poesía es entonces el espacio donde inscribe con apasionada magnificación sus alucinaciones.

Autorreferente, autoexpresivo, autoexegético, autofágico, el poeta personaliza su palabra al máximo para asentar en ella las trazas de su retrato imaginario. El Dalton juvenil, mediante excesos antipódicos, se representa como héroe nefasto, como ángel caído, como sectario de la ternura. En el delirante drama de la vida se adjudica el papel protagónico:

> Herido gravemente de vida
> corriendo a lo largo de los espejos
> de los estertores de las cifras desnudas
> vagando saludando a los abolidos profetas
> —náufrago domesticado por la muchedumbre
> mendigo de la claridad revolcada en la copa
> viejo muchacho con todas las respuestas
> amante a bocanadas secas desplegadas
> bestia desierta como ceniza hueca
> hijo de color curvo desprendido de la gula sobrante—
> sigo adelante fijamente viéndome

sin parpadear desnudo a mi manera
aríscamente como una espuma estéril vieja
comulgando bajo llave y pared
con todos los torpes albaceas de la lástima pura
(Y llegan las voces en dilatado torrente:
apóstata feliz
felicitable prófugo
besador taciturno
escuálido hijo
esposo fugaz
militante convicto
atónito vecino de todos
imbécil tierno
niño
niño idiota
ángel grotesco
confuso tembloroso!)

(El discípulo, V)

Este es el autorretrato traslaticio, transfigurado por la intensificación antitética, por la efusión hiperbólica. Se trata de hacer aflorar metafóricamente la personalidad profunda. Los contrastes extremados operan como índices de máxima humanidad. No hay relación expresa con la biografía anecdótica.

Amor y muerte son dos ejes reveladores de un cambio de visión que acarrea un cambio de poética, un cambio de mensaje que entraña un cambio de soporte. A través de ambos se evidencia el pasaje de la lujuria naturalizante, del expresionismo rimbombante a una constancia no egocéntrica de la realidad, transmitida mediante un lenguaje más neutral (más tenso, menos caldeado, más parco). Así Dalton pasa del martirio amoroso, del amor maldito, del tormento grandilocuente:

Ríete perra envenenada
vístete en otros cuartos lentos
deseados como la noche o lo que consta al corazón
cuélgate a un nuevo cadáver
a un nuevo atril miedoso
déjame
hasta la cólera se pudre
déjame inagurar mi dulce asco
déjame limpiar a solas
tu larga huella de sangre

(La noche, II)

pasa del melodrama romántico a la relación acogedora con la mujer complementaria, a la reposada conjunción con la mujer refugio. Pasa de la antagonista a la aliada, de la batalla sexual a la coalición amorosa:

> Tu sexo acoge mi parte terrible
> la cubre como una bella madre con un nido de fuego
> deleitoso
> como un ala resulta en río interminable
> Entonces
> sólo entonces comprendemos
> que aún no sabíamos nada de la vida
>
> *(La lección)*

La noche, funesta y maternal, emparenta muerte con amor. Dalton, por un lado, figura, visionario, una muerte pasional y pulsional: fascinación de las potencias lóbregas. La muerte actúa como ferviente fermento de la imaginación. Se trata al comienzo de una muerte fantástica:

> tú con tus flores de palpitante lodo
> vacío el pétalo de esplendidez
> frío y más frío y más frío
> encendiendo echando a andar su hielo
> su hálito mortal
> escapando de una caverna donde todo es reptil
> aun la estalactita ríspida
> y el arroyo salobre nunca jamás hollado por la luz
>
> *(La noche, I)*

Luego, vivida en la experiencia directa del acabamiento, de la desaparición de mujeres y hombres reales —los asesinados, el soldado desconocido, la vieja amante, los amigos entrañables, el irlandés errante—, la muerte se incorpora al suceder acostumbrado, se vuelve silenciosa evidencia. Su transcripción pierde ostentación, pierde énfasis y ornamento; su eficacia proviene de la reducción retórica:

> Impresionaba, digo, impresionaba
> sin jactancia en su muerte como todas,
> sin querer decir nada desde su orden implacable,
> desde su arrolladora tranquilidad,
> su quietud ya reclamada por la tierra.
>
> *(Cadáver)*

El turno del ofendido tiene otros dos ejes vertebrales: patria y política. Instancias conexas, no obstante discurren separadamente. Recién en *Taberna* se entramarán en una misma textura. Patria es pretexto para la elegía furibunda, para el boato icónico, para la lamentación espectacular:

lejos de donde los jardines atentan contra su belleza
con los cuchillos que les dona el humo;
lejos,
lejos,
lejos de donde el aire es una gran botella gris;

de donde todos ofrecen terribles pompas de jabón
y ángeles depravados beben con niños cínicos
el veneno de la apostasía contra las auroras que pueden;

lejos de la murmuración de las máscaras
lejos de donde las desnudas no ciegan con la luz de su piel;

lejos de la consolación de los vómitos;

(Lejos está mi patria)

O es la madre tierra, la depositaria de la energía primigenia, la fecundadora que prodiga su pujanza, la prodigiosa magnificencia de la geografía natal. En *Viuda de los volcanes,* Dalton la evoca ritualmente a través del extenso catálogo de sus atributos. La imaginación se naturaliza para instalarse uterinamente en el seno de esa potencia engendradora, para recrearla representando, mediante dinámicas intervalencias entre todos los reinos naturales, su formidable mutabilidad. Mimética, la imaginación se tropicaliza para inscribir ese lujurioso referente que es la selva salvadoreña.

Recién en *Taberna* se producirá la deflación humorística de ese país en realidad minúsculo, oprimido, desquiciado. El humor se ejercerá por suspensión del juicio o de la reacción afectiva, por ruptura del protocolo, por sorpresa, por irreverencia, por ex abrupto tonal, léxico, por disminución disfórica, por magnificar lo trivial o trivializar lo magno, por la utilización irónica de los estereotipos, por relativización, por reducción al absurdo.

También el eje político sufre esta mutación de la grandilocuencia al despojamiento, de la floración abrumadora a la llaneza. Es la constancia neutral del mundo circundante la que permite a Dalton salir del voraginoso egocentrismo, de la autofagia patética, de las interposiciones fantasmales, del subjetivismo expresionista, de la pasión centrípeta. *El turno del ofendido* incluye una serie de retratos de prototipos sociales, vertidos en estilo *cool*: el mecanógrafo servil y prescindente; los burócratas o la pequeña burguesía envanecida por un ascenso nimio que somete su vida a la más convencional de las rutinas; el vecino en regla con los usos y costumbres que un desliz convierte en réprobo, en comunista; el callado por pusilánime, el charlatán fanfarrón, el nuevo rico ostentoso, el soldado humillado por el oficial, el obrero acorralado por la explotación, el verdugo idiotizado por el odio, el traidor que abomina de su cólera y se deja tentar por la prebenda de los amos.

La fogosidad temperamental se retiene para no distorsionar el objeto de la representación. El enfoque apunta a otras conciencias que la del enunciador. El poema corta su cordón umbilical; el poeta abandona el espacio escénico o por lo menos cesa de ser el actor principal. La percepción se despersonaliza, el registro desciende de tono, las metáforas escasean, el lenguaje se vuelve menos traslaticio, sólo se permite algunas trasposiciones irónicas. Se produce un pasaje del psicologismo al sociologismo que implica un cambio de poética, de visión y de versión.

De la singularización individual con ahínco en la autoexpresividad y tendencia al idiolecto se pasa a los atributos genéricos de grupos inscriptos por una lengua menos estilizada, más común. Entre esta bipolaridad fluctúa alternativamente *El turno del ofendido*. Recién en *Taberna* se establecerá, dentro del mismo texto, el contrapunto reactivo de una visión plurifocal donde coexisten la trascripción literal de otras voces que las del emisor y pasajes personales de efusión elegíaca: contrapunto entre lo fantástico y lo fáctico, entre el principio de placer y el de realidad.

Sólo la vislumbre de la revolución, en tanto proyecto radical, provenir imaginario, permite a la fantasía posesionarse de este anhelo y, amplificándolo apocalípticamente, poblarlo con las proyecciones del deseo. La poesía, mediación distanciadora de la existencia alienada, permite recrear la constreñida experiencia real, permite figurar la plenitud irrealizable. Avivando la conciencia del cercenamiento, la poesía opone al orden opresivo la emancipación onírica. A la violencia reductora del mundo factible opone la subversión redentora:

> ¿Te acuerdas cuando hablábamos de las estatuas de Bruselas,
> de los reyes ingleses tan frágiles en nuestro mundo
> como tazas de té,
> de la revolución, que tú creías
> como un gracioso ramalazo,
> como un alud de viento que dejaría sin embargo volátiles
> y vivos para siempre
> los globos rojos de los niños?
>
> *(Postal a Luis Martínez Urquía)*

Poesía se vincula indisolublemente con revolución. Revolución, tiempo de completud, colmo vital y semántico, tiempo de máxima intensidad y consistencia, acceso comunitario a la plena humanidad, debe ser también colmo poético. *Taberna y otros lugares* tiene por epígrafe una afirmación de la identidad entre poesía y revolución:

139

Yo llegué a la revolución por la vía de la poesía.
Tú podrás llegar (si lo deseas, si sientes que lo
necesitas) a la poesía por la vía de la revolución.

Poética y política aparecen conjugadas en *Taberna*. Dalton busca el punto de fusión de las antinomias, un recíproco acercamiento que reconozca las especificidades respectivas, un respeto mutuo. *Taberna* es una galaxia de signos, es una polución semántica en torno de múltiples polos de atracción. Poética, política, país, historia (la macrohistoria mundial y su espécimen, la microhistoria personal) discurren, dialogan, resuenan, reverberan, atraviesan todo el texto acompañándose, interceptándose, entrecruzándose, entramándose.

Para Dalton las palabras son realidades intrínsecas, energías corpóreas que generan su propia significación. Las palabras, fuera de su inserción en la secuencia informativa, suenan bien o mal merced a su peculiar tenor, color, calor, temperatura. Nunca son unívocas, transmisoras neutrales de sentido extraverbal, vehículo servil de un mensaje referencial:

> Uno de los crímenes más abominables de la civilización occidental y la cultura cristiana ha consistido precisamente en convencer a las grandes masas populares de que las palabras sólo son elementos significantes. (...) Nadie bautiza a su hijo con el nombre de Sisebuto sin sentir los síntomas de la meningitis por algunos segundos. (...) ¿Por qué *suena mal* una palabra libre de significados tabú si no es por algo intrínseco a ella misma, a su corporeidad, a su ser, que es independiente de su función más común, la cual, por otra parte, no tiene necesariamente que ser la única, ni siquiera la principal?

> *(Con palabras)*

Las palabras poseen inagotables resonancias: repican, repercuten, retumban; son catalíticas, vibrátiles, radiantes: destellan, refractan, espejean. Proyectan hacia fuera y hacia dentro de su universo. No pueden usarse indiferentemente, no deben ser malbaratadas, son entidades poderosas: tienen temperamento. Poseer la palabra es poseer el principio vital; el don de la palabra es un don fecundante, equivalente a mundo pleno, a pleno universo de las facultades. Despalabrarse implica aletargarse, envejecer, volverse estéril, vaciarse:

> Hombre despalabrado no es sinónimo de mundo sino de zombie. Un poeta despalabrado puede seguir publicando libritos en ediciones de lujo y dar coktails para ir tirando en las páginas literarias, o ingresar incluso a las Academias o a los clubs. Pero si Neruda —para citar un caso conocido— tiene algo de zombie a partir de *Residencia en la tierra*, ¿cómo descubrir, reconocer, clasificar el virus de lo muerto, el perfil cadavérico en sus libros posteriores, la masa viscosa eliminable para aislar los elementos arquitectónicos que mantienen la fisiología de la

locomoción y los desplantes respiratorios del muerto-vivo a quien la sal envenenaría; es decir, en fin, cómo diferenciar una palabra viva de una ya lista para el camposanto?

(Con palabras)

Dalton se rebela contra la distorsión, el abuso, el menosprecio, el desvío de función de la palabra, contra el aplanamiento y la represión del lenguaje, contra el realismo normativo, restrictivo, monosémico, que pretende limitar la palabra al sentido lícito, a sentido común o sentido práctico: «No, no: el arte es un lenguaje —se dice en *Taberna*— (el realismo socialista quiso ser su esperanto: cosas del mundo de Madame Trépat, Berthe Trépat).» (p. 173) Dalton se rebela contra la censura política que denigra todo tratamiento artístico de la palabra, todo manipuleo que no corresponda al valor de uso. Brega por un realismo que reconozca la realidad verbal, por un materialismo que aprecie la materialidad de la lengua.

Dalton quiere desacartonar por el humor profanador todo sagrario, contravenir por el desacato burlón, por el trastocamiento irónico, por inflación o deflación satíricas, toda tendencia a la rigidez, toda cristalización institucional, toda fijeza convencional, todo lo que solidifique, inmovilice y simplifique la interpretación de lo real:

Cumple ahora con tu deber de conciencia
(sería igual decir: «tus obsesiones»),
di que pensar en el comunismo bajo la ducha es sano
—y, en el trópico al menos, refrescante—.
O sentencia con toda la barba de tu juventud:
si el Partido tuviera sentido del humor
te juro que desde mañana
me dedicaba a besar todos los ataudes posibles
y a poner en su punto las coronas de espinas.

PERO ESO ES CONFUNDIR EL PARTIDO
        CON ANDRE BRETON!

Pero, ¿y la ternura?

PERO ESO ES CONFUNDIR EL PARTIDO
        CON MI ABUELITA EULALIA!

(Taberna)

También se mofa en *Lo moderno* (151) del exceso de apertura, de la excesiva gratuidad de cierta poesía actual. En disparatado collage yuxtapone caprichosamente secuencias lo más disímiles posibles para parodiar la libertad de asociación de las poéticas aleatorias. Dalton postula una poética cuyos conflictos obran de reactores. Ni idealismo romántico ni surrealismo ensoñador ni subjetivismo exis-

141

tencial. Ni magia ni éxtasis ni espiritualidad ni trascendencia. Así como reniega de la sumisión realista, de la explicitud pedagógica, del servilismo documental, ironiza en torno del exceso de ensimismamiento del psicologismo individualista y del exceso de distanciación dcl esteticismo de la sublime transparencia («Los poetas comen mucho ángel en mal estado»). Reniega de los poetas crepusculares, del patetismo catastrófico, de cualquier hechicería, del culto al misterio, de toda atribución epifánica, de todo esoterismo, de toda liturgia. Reniega de la estilización demasiado refinada, de la poesía enjoyada y de su opósita, la naturalista orgiástica, la del onirismo cosmológico; reniega de la poesía doctoral, del excesivo lastre gnómico, del culto a la antigüedad, de la exploración de los repliegues más recónditos, de los rebusques en las profundidades de la conciencia. Confronta la función, el poder de intervención de la poesía frente a la actualidad más terrorífica: los bombardeos de napalm sobre el Vietnam. No da cabida al poeta lunático, al rapsoda de lo indecible. No hay sublimación, vuelo evasivo o estro armónico que resista la avalancha de la realidad latinoamericana, no hay prescindencia o paréntesis que soporte tamaña presión de la historia. Postula la caducidad por razones de fuerza histórica de la poesía de la ausencia, de la unción, del desasimiento, del escondrijo, de la clausura, del retraimiento. Esta cesantía implica relativizar pero no invalidar el poder poético. La poesía arrostra el apremio y el sojuzgamiento. La poesía es un reactivo contra el abatimiento de la cárcel, puede afrontar hasta el ahogo de una condena a muerte:

> Y, en cualquier lugar, la última de las cosas hundidas o clavadas será menos prisionera que yo.
> (Claro, que tener un pedazo de lápiz y un papel —y la poesía— prueba que algún orondo concepto universal, nacido para ser escrito con mayúscula —la Verdad, Dios, lo Ignorado— me inundó desde un día feliz y que no he caído —al hacerlo en este pozo oscuro— sino en manos de la oportunidad para darle debida consistencia ante los hombres.
> Preferiría, sin embargo, un buen paseo por el campo.
> Aun sin perro.)

> *(Poemas de la última cárcel,* I)

El humor anticlimático desgrava la cargazón sentimental, disminuye lo magno, rebaja lo trascedente, desinfla lo ampuloso.

Creo que la significación mayor de Dalton reside en su afán por historificarse, en su empeño por representar apropiadamente el fluido entramado temporal de conciencia y mundo, esa oscilante, esa cambiante intersección de la realidad ya coincidente ya divergente con el yo que la inscribe en su heterogénea simultaneidad. Aunque vectorial, su historicismo no tolera ni lo lineal ni lo monódico, ni dogma ni fijeza. Se trata de contraposición dialéctica, de relatividad comunicante entre lo personal y lo social en busca de la concertación más rica, en busca de un común denominador más justo pero no reductivo.

Resonador de la historia, su conductor eléctrico, Dalton no se siente ni vate ni guía, ni cronista ni analista. No se supone transcriptor delegado por la comunidad, portavoz del pueblo. No silencia su propia voz para figurarse rapsoda colectivo. No canta el epos idealizado de la saga social. El suyo es uno de los registros posibles de una experiencia significativa del mundo, experiencia que no acalla la inevitable instancia personal que emerge o subyace en todo texto. Contrapone su signo con los otros signos, su locución con la de otros locutores, la entromete en la multivocidad de lo real, de lo real entendido como la interacción de la totalidad del profuso acontecer, ese enjambre, ese hervidero. Si bulliciosa, si revulsiva es la realidad y se la quiere captar verazmente, el libro debe convertirse en lo que *Taberna* representa: un «alarmante hormiguero».

Posdata: Como complemento de esta interpretación de la poesía de Roque Dalton, puede consultarse mi exégesis de *Taberna y otros lugares* en *Poesía hispanoamericana 1960-1970 (Antología a través de un certamen continental),* Siglo XXI Editores, México, 1972, pp. 26 y ss.

POR LOS RESISTENTES MANILUVIOS

Mano: lenguaje mudo, conocimiento palpable. Maniluvio: mano catastrófica, cataclismo manual. Mano factual y mano textual. Mano que establece la comprobación más corpórea del mundo (mundo en mano, no a trasmano), la constancia material del otro y de lo otro, mano que actualiza sin pasado y sin costumbre, mano manipuladora y guerrera, mano armada, mano justiciera. Mano que denota la presencia no verbal y que la anota, la verbaliza: mano apresadora y mano escritora.

José Miguel Ullán jura seguir soñando con la mano armada, seguir librando (liberando) el combate con el verbo por arma (y por arena), seguir fabulando (confabulando) poemas combativos. *Maniluvios* (El Bardo, Barcelona, 1972) instaura un espacio que se adensa, que se sobrecarga, incitador y enigmático; plurivalente, inscribe un peculiar decurso; construye el texto y por fin lo destruye mediante un enajenamiento anulador, orgiástico que restablece el imperio del capricho (azar, sinrazón, instinto, albedrío, caos, entropía):

> que el capricho
> venza
> sobre las causas
> corra el vino
> mueran
> los gallardetes
> nada nada
> quede
> de este canto
> de aserrín
> y tamo (83)

El libro muere y renace, exaltado, abolido, escrito, propagado, confiscado. La palabra es sacrificada por la razón de estado, por el poder represivo; pero a la par, es esperada, deseada como mensajera de

144

liberación. En Ullán, palabra censurable, convicta y confesa, culpable, punible, atribulada se contrapone con palabra fénix, palabra proteo, palabra redentora. He aquí una de las tantas contradicciones irresolutas que Ullán hace coexistir sin conciliación. La poesía de Ullán es un tira y afloja entre sacralización y sacrilegio, entre desembarazo del pasado y nostalgia; entre pasión por España y hartazgo, entre historia y utopía, entre cosmopolitismo y autoctonía, entre enaltecimiento y denigración, entre solemnidad y ludismo. Estas oposiciones irresolutas crean tensión disonante; agitan los textos con vivaz energía. Conciencia conflictiva, conciencia escindida, es decir, conciencia actual; Ullán no concierta, desconcierta; no concatena, desencadena.

Pero no se puede reducir la poesía de Ullán a oposiciones binarias; aislar sus bipolaridades es empobrecerla. Las tiranteces se entraman e interceptan en una compleja urdimbre semántica llena de sensorialidad (sensualidad) verbal e imaginativa. A medida que nos adentramos en sus resistentes textos se multiplican los niveles de lectura. La aspiración a una inteligibilidad total sería quimera; ni el propio Ullán la lograría. Puede esclarecernos sus opciones, explicitar su poética (oscilante, mudable), develar su simbología subjetiva, la relación de algunas imágenes con su biografía íntima, revelar el proyecto, el pretexto, todo lo que nos permite establecer el grado de intencionalidad de sus poemas. Pero ningún escritor sabe exactamente qué escribe —cada lector y cada época hacen su propia lectura—. En *Maniluvios* el hermetismo, el enigma (tal es su modo primero de manifestarse), la diversificación acrecentada, la incongruencia inicial enriquecen y enrarecen el mensaje, aumentan su indeterminación y posibilitan múltiples abordajes.

La plurivalencia está contrarrestada por la brevedad que evita el exceso de carga semántica, de apertura, de dispersión de los semas. Otro factor de contención es la tendencia a apretar la lengua, no discursiva, entrecortada, escandida en breves impulsiones yuxtapuestas, con frecuentes rupturas, con eliminación de lo accesorio; sintaxis abrupta, fragmentada, discurso desflecado. Ullán usa la estructura *collage;* ensambla con perfecto ajuste cortas secuencias cuyo movimiento (cinético) proviene de constantes cambios:

> el hilo que consagra la alianz
> a con el laurel / lugar com
> ún un dromedario lame avaro
> ojal las alas amataron (engal
> gando el din)   en efectivo: pus
>
> (V, 49)

También la compaginación obra de contenedor. Ullán emplea la columna versal (a veces el verso medido y rimado, como en X, 54), es decir, el sistema de verificación tradicional aunque desarticulándolo mediante dispersión de las palabras, signos inusuales, variantes tipográficas, puntuación intermitente, etc. Tiende a desplegar sus poemas en metros muy cortos, en unidades de sentido sumamente condensadas o si no opta por encajonarlos, por reducir la caja a breves rectángulos que obligan a las palabras a encuadrarse, a dividirse implacablemente donde caiga el borde, sin respetar la separación silábica. En sus cajas elimina la puntuación y utiliza en su lugar el blanqueo como separador de períodos o valorizador de las partes más significativas.

Ajuste en el montaje, reducción de la secuencia, encuadre geométrico, finales cerrados, simétricos, rigor formal, estilo telegráfico son frenos de la fuerza expansiva del sentido, contrarrestan las múltiples tendencias centrípetas de *Maniluvios*. Por ejemplo, la diversificación del lenguaje. Ullán es francamente culterano, amplía al máximo su vocabulario con constantes préstamos al diccionario. Se aparta del lenguaje natural; somete su lengua a moldeo rítmico-melódico, entabla afinidades sonoras para musicalizarla, la alitera en busca de seducciones auditivas (también convoca una imaginería seductora, enriquecida de constantes notas cromáticas). Como César Vallejo (son mútiples las coincidencias léxicas con el peruano), Ullán inserta coloquialismos, expresiones, exclamaciones muy familiares como disonancias, como sorpresivas irrupciones en contextos cultos. Su lengua se mueve siempre en una pluralidad de niveles contrastados: ruptura de la previsibilidad, del discurso tranquilizador. Aumenta la dosis de literalidad y la mecha con irrupciones naturalizantes. Politonal, opone el epos clásico, mayestático, con lo popular y procaz.

Así como dentro del español sus *Maniluvios* no se ciernen a la zona de uso poético convencional, desbordada por la derecha (cultismos, palabras raras) y por la izquierda (expresiones coloquiales, ex abruptos, feísmos, regionalismos), Ullán traspone el castellano, pasa a lo dialectal o introduce frases en italiano, inglés, latín y sobre todo en francés (fragmentos, epígrafes, epílogo); escribe, como Pound, una poesía translingüística que presupone un lector poligloto.

Para no predeterminar al lector, omite títulos o los pone entre corchetes. Son títulos a medias, en suspenso, obran metafóricamente, aluden al texto pero no lo rotulan; no nominan ni definen, indican connotativamente.

Estos factores de expansión, dispersivos, abren los textos a una multiplicidad de interpretaciones; potencian su sugestión pero aumentan su hermetismo. Constituyen un desafío al exégeta que, como receptor hedónico del mensaje se deja invadir por el encantamiento verbal y por las incitaciones imaginativas, pero cuando vuelve escalpelo en mano y quiere esclarecer la urdimbre espesa, tiene que asediar los textos, rondarlos, buscar tozudamente las ocultas puertas para penetrarlos. Todos son penetrables, aunque en distinto grado, cuando se consigue establecer los ejes semánticos, las coordenadas en relación con las cuales se coaligan los significados.

Los poemas transcurren desplegando y orquestando su sentido en torno de unos cuantos núcleos preponderantes. Su sucesión lineal, su horizontalidad disemina y reitera semas privilegiados que van cobrando densidad y se depositan, sedimentan verticalmente en el fondo. A las rupturas se oponen correspondencias, nexos, reiteraciones que son factores de continuidad, de ilación. La compleja relojería de *Maniluvios* se mueve alrededor de varios centros de gravitación. Hay un eje *mano* vinculado con *cuerpo* (entrañas, sexo) que es energía positiva, constancia material, experiencia de la concreción, sanidad natural, instinto, afirmación vital; da nombre al libro y por ende su irradiación alcanza a todos los poemas. Otro eje es el complejo *infancia-hogar-paisaje natal* (contexto rural), revelador de la autoctonía, del arraigo al terruño; implica la recuperación de un pasado determinante con sus indelebles marcas, el regreso al origen, a la plenitud del comienzo, a la visión infantil que establece una relación cordial con lo vivido. Vinculado con ese eje biográfico está el de *España* que aflora sobre todo en la última parte, *A mano armada,* una serie de poemas políticos. Este eje *España* conglutina un turbulento conjunto temático: actualidad huera, guerra, derrota, destierro, tiranía, palabra acaparada y aplanada por el poder, envilecimiento, etc. También correlacionado con *España,* el eje *iglesia* cobra tal importancia que adquiere autonomía; alternativamente denotado y connotado, es continuo y provee no sólo contenidos sino también una enunciación salmódica, una elocución ritual. Los poemas mentan lo eclesiástico y adoptan un estilo sacramental contravenido con vulgarismos blasfemos:

> Manubrio divino: plagas
> de ranas, ganglios, langostas.
>
> Venia
> a la acción más lozana: almorranas,
> en los culos asdodeos.
>
> Por eso, por eso creo
> en padre, en hijo y en ala. (52)

Extremos antagónicos de nuevo: el sortilegio de la sacralidad, la hierofanía y el antídoto contra el exorcismo: la irreverencia insultante: la blasfemia (constante española): religiosidad traumática o trauma religioso: conciencia culpable.

Y el último eje, el más preponderante: la *escritura,* la meta-poesía, poesía que se revierte sobre sí misma: constante autorreferencia, constante autorreflexión. Es el eje que ocupa más espacio textual. Umbral, resistencia, nacimiento, límites del poema: los títulos están indicando la lectura metapoética. El poema es para Ullán sobre todo herida, desgarramiento de la lengua, anormalidad, obstinación contra la nada. Representación del mundo y su evacuación para que impere la palabra, el poema es también contradictorio, rey y lacayo, liberación y noria, gargajo y girasol de voces:

caduco insomnio y el cuchillo cano desciende cano raja al fin
la lengua rojo candor nunca tan fiero el riego leva inmóvil
yedra vil sonrojo este todo dolor hoy impalpable búho co
mo sigilo sin edad
gargajo arcilla brasa
girasol de voces (31)

Los ejes o hilos entretejen relaciones metafóricas, se cruzan y entrecruzan urdiendo el texto; emiten mutua irradiación, se constelan en el poema; establecen el intercambio, la circulación semántica a lo largo del libro. A veces en un poema predomina un eje y determina el nivel de lectura. Así el poema X de *Prae manibus* interpretado eróticamente alude a coito, el XI a masturbación. Lejos de reducir la complejidad, lo pluridimensional a escueto esquema, señalo sólo direcciones de lectura, orientaciones. Los textos de Ullán por fortuna desbordan mis afanes interpretativos. En su poesía los mensajes no son transferibles a discurso cognoscitivo sino en parte, operan por otros canales. La referencia a realidades extratextuales está contrarrestada por la riqueza intrínseca de *Maniluvios,* por su realidad específica, lingüística, por esa primera instancia que es lo propiamente poético.

LA PLURALIDAD OPERATIVA *

Con simplificación empobrecedora suele considerarse nuestra poesía, y la de todo el tercer mundo, como inevitablemente referencial, como explícitamente testimonial, como obligadamente combativa. En grueso, los poetas de América Latina han accedido al reclamo de una realidad natural de avasalladora magnificencia, y a la compulsión de una realidad humana oprimente, insoportablemente injusta. Algunos, presionados por la urgencia de una actualidad revulsiva, detonante, optaron por la retórica de lo directo, por la poética de la inmediatez, explicitud y aplanamiento. Quisieron abandonar la poesía divertimento refinado, juguetería sublime, diapasón selecto, arcano iniciático, para volverla vehículo colectivo de una evidencia terrible y prosaica. Redujeron su lenguaje al estilo cero, consideraron el arte verbal, el tratamiento estético de la palabra como factor de distanciamiento y distorsión de un mensaje que se quería de inteligibilidad popular. Optaron por la poesía militante donde la voluntad ideológica, la intención pedagógica ejercen esa determinación semántica que estabiliza los significados, que restringe las incertidumbres a un decir claro y unívoco. Se aproximaron a esa elocución prosaica donde el discurso se simplifica, se vuelve fáctico, anecdótico, destinado ante todo a comunicar hechos verificables, extratextuales, con el mínimo de configuración, de expresividad, de perturbaciones subjetivas o formales.

Neruda, convertido al optimismo militante, querrá renegar de su *Residencia en la tierra,* del ensimismamiento de una poesía oracular signada por el descenso hacia lo oscuramente entrañable, hacia lo preformal, hacia lo preverbal; querrá renegar de su atribulada tentativa de recuperación de las pulsiones más recónditas, de esa energía natural anterior a toda formalización intelectiva que lingüísticamente

* Escrito para prologar *Luttes Prose Poésie d'Amerique Latine,* número 21 de la revista *Change.*

se manifiesta como fuerza metafórica, es decir mitológica. Renegara de la visión desintegradora y de la angustiosa introspección para escribir la saga de América, para reseñar su historia como enfrentamiento permanente entre opresores y libertadores, para reivindicar, iluminar y coaligar a los oprimidos, para incitarlos a la definitiva conquista de su independencia. La erosión temporal ha invalidado gran parte de esta escritura combativa que enajenó excesivamente la especificidad poética.

Residencia en la tierra integra para siempre el cuarteto de los libros culminantes de nuestra poesía. Los otros tres son: *Trilce* de César Vallejo, *Altazor* de Vicente Huidobro y *En la masmédula* de Oliverio Girondo.

Nuestra selección, cuyo criterio decisivo ha sido el valor estético, evidencia la diversidad de discursos de la poesía latinoamericana, irreductible a cualquier común denominador. Incluye muestras de esos dos textos fundadores que son *Altazor* y *En la masmédula*. Prototipos de la primera vanguardia constituyen para nosotros patrones poéticos, almácigos de proposiciones formales que aún procuramos aprovechar. En ambos casos, el complejo, el osado despliegue instrumental obran en función expresiva de experiencias últimas: la búsqueda de una fundamentación ontológica y la lucha contra el anonadamiento de la muerte.

Huidobro desmantela el discurso tradicional, lo convierte en un transcurso de desarrollo imprevisible, que conecta por relaciones aleatorias los componentes más disímiles, vuelve la secuencia excéntrica, multifocal, polimorfa, politonal. Relaja las formas regulares, dispersa la columna versal, aplica el sistema collage, practica un montaje cinemático de ritmo disonante, extrema las posibilidades de derivación y composición léxica, instala el juego y el humor en el manipuleo material de la palabra.

A la par que va entrando en un vértigo anulador cada vez más radical y alucinante, la poesía de Girondo inscribe un proceso de constante anonadamiento, de conmoción que se intensifica, de trastocamiento que se extrema. Su inventiva, su autonomía y su poder expresivo aumentan a medida que se despoja de las sujeciones realistas, de emulaciones, de estereotipos, de obediencia a lo estatuido e institucionalizado; aumentan a medida que se desola, que se queda a solas con su desesperación, con su desesperanza, con los huecos de lo que desaloja, con la resta de lo que reniega, con una vacancia que crece en muerte. El paulatino desamparo incrementa la apetencia sensual, la devoción vitalista, la euforia erótica, la exaltación naturalista. Pero nada mitiga la inevitable, la irreversible merma; salvo la palabra. El lenguaje será la última estación, la póstuma instancia operativa, el transformador de la extinción en energía perduradora. Paradójicamente, Girondo comunicará el anonadamiento, el avance de

150

la inexistencia con un arrollador despliegue verbal, con una lengua cuya mutabilidad, cuya densidad semántica, cuya sugestión, cuya creatividad parecen inagotables.

Carlos Drummond de Andrade representa cabalmente el modernismo brasileño. Metamórfico, dispara y disparata por una multiplicidad de poéticas; con irreverencia, con jocosidad satírica, tira contra el preciosismo inocuo y los alumbramientos simbolistas. Multidimensional, condensa su lirismo en absurdos epigramas o se explaya asimétrico en un discurso prosario. Ansía abarcar la parte y el todo, lo simple y lo intrincado, lo contemporáneo y lo perpetuo, lo regional, lo cosmopolita y lo cósmico. Busca aliar lo raro con lo cotidiano. Poeta social, quiere abolir la oposición entre lo individual y lo colectivo. A la par de su poesía política y por su ligazón con los ritmos populares y los géneros cantables, practica el juego de palabras y las combinaciones fónicas, una especie de concretismo caliente y personalizado.

Huidobro y Girondo pertenecen a la primera vanguardia, a la generación gestora de una escritura propiamente moderna, ellos acordaron nuestra visión con nuestra expresión del mundo contemporáneo. José Lezama Lima, Alberto Girri y Octavio Paz integran la promoción sucesora que no tiene todavía un rótulo común; por ahí se les atribuyen designaciones como surrealismo, poesía pura y existencialista. En su amplificación panteísta, en su hinchazón sensual, en su afán hiperbólico, en su inflación retórica, en su suntuosidad verbal, en su delirio neológico, en su empedernido alegorismo, en su despampanante mezcla de ingredientes míticos, en su extremismo imaginativo, la poesía de Lezama Lima, por su exuberancia y sus desconcertantes mixturas, por temperamento y extravagancia, no puede sino ser latinoamericana. Ella es para nosotros tan oscura y desmesurada como para un lector europeo, pero nosotros accedemos disponibles a la ilusión escénica, nos dejamos transportar por ese teatro fantasmagórico que Lezama Lima monta para alucinarnos.

Si Lezama Lima es pura pulpa, todo engrosada carnadura, Girri es la reducción de la letra a osatura. Si en Lezama Lima el pensamiento es por completo sofocado por la maraña alegórica, por las fabulaciones de una imaginación descontrolada, Girri persigue una gnosis poética. Su concisa escritura entrama un discurso cognoscitivo donde los símbolos y las figuras son trasposiciones de un sentido severamente articulado, que nunca pierde contacto con sus correlatos objetivos. La de Girri es una disquisición sobriamente ornamentada que transcurre por una andadura versal, que apoya su sugestión en el poder alusivo y elusivo de la metáfora y la elipsis. Los recursos formales de la poesía le sirven para infundir a su reflexión envergadura estética.

Octavio Paz se sitúa entre Lezama y Girri, encabalgado sobre la fábula y la crítica, entre la ensoñación sensual y la lucidez analítica. Paz ha creado un espacio literario que le es propio donde la representación figurada, la palabra poética que conforma e informa amalgamando indisolublemente medio y mensaje, es reflejo y a la vez espejo de la especulación teórica. Siempre hay complemento y ósmosis entre los poemas y los ensayos de Paz, que surgen en continua alternancia (en corriente alterna) de un mismo núcleo en movimiento. Su obra entabla una reflexión y transfusión entre poética y erótica, entre lenguaje y realidad corporal. Los nombres y los cuerpos intercambian su realidad e irrealidad, se refieren recíprocamente. Si las palabras no significan el universo, lo aluden por analogía. El universo es un texto y un texto es el universo. Ambos, polución de signos, emiten haces de imágenes reverberantes, de vibraciones y reflejos. Cuerpos y palabras rotan como los planetas, pasan de la luz a la sombra, de la coherencia a la incoherencia, de la memoria al olvido. Para Paz, el espacio corporal y el del lenguaje son los dos espacio semántico. La realidad y el lenguaje se fluidifican, pierden estatismo, cohesión, sucesión lineal, perfiladura. Mundo y lengua se vuelven una urdimbre de relaciones que se transfiguran en constante mutación. En Paz, el poema quiere dejar de ser un hilo temporal e incorpora el espacio a la significación, enriquece sus dimensiones, se vuelve polimorfo, una constelación de acontecimientos que propone al lector máximas probabilidades, múltiples elecciones operativas e interpretativas.

En los años cincuenta predomina el estilo noble, los modos aúlicos, la prosopopeya protocolar, una concepción ideal de la belleza, armónica, concertante, una actitud ritual frente al trabajo poético. Profanador pedestre, Nicanor Parra rompe con la visión y la expresión enaltecedoras. Su antipoesía provoca una saludable deflación. Antihéroe menoscabado y alienado por un mundo que lo reifica, el poeta sufre como cualquiera de las restricciones de lo real empírico. Y las comunica en una lengua de tono y ritmo conversacional. En lenguaje común expresa, con humor irónico, una experiencia generalizada. La retracción retórica le sirve para devolver a la poesía su contacto con el tiempo y el espacio inmediatos. Renuncia a la ensoñación ilusionista, aunque no a la gratuidad ni a la arbitrariedad, para afincar la poesía a ras del suelo, en la tierra y en la palabra de todos.

Otro promotor del prosaísmo y del coloquialismo es Ernesto Cardenal. Monje trapense que predica mancomunar el Evangelio y la revolución, va escribiendo la crónica versificada de América. Intenta remozar la antigua alianza entre historia y poesía, fundar una épica actualizada. Influido por la poesía norteamericana, Cardenal pone al día el epos nerudeano. Las deidades y el bestiario de la epopeya clásica son suplantados por los íconos contemporáneos, por los prodigios de la era tecnológica, por los mitemas que medios de comunicación masiva promueven. La poesía de Cardenal, eminentemente social, se traslada a un contexto de contemporaneidad explícita donde se entremezclan órdenes y jerarquías. Comparaciones inusitadas confrontan el mundo indoamericano con el ámbito industrial de las megalópolis y los vuelos interplanetarios. Cardenal parece no dudar del poder de la palabra, como si lo real fuese el principio de razón suficiente de lo textual. Caudaloso, establece una fluencia anecdótica rítmicamente avivada por la síncopa y el asíndeton; utiliza efectos de diagramación periodística y publicitaria, inserciones disonantes, el contraste activador de lirismo y popularismo.

Antonio Cisneros, Roque Dalton, Rodolfo Hinostroza y yo integramos una camada que podríamos llamar neovanguardista. Retomando el vínculo con la primera vanguardia, queremos aliar ideología progresista con amplitud formal. Sí, somos formalistas, pero somos también realistas. Somos historicistas: nos proponemos insertar nuestra poesía en la realidad contemporánea, insertarla como proceso de producción material, y no como mero filtro enaltecedor, como escala a lo sublime, como trampolín trascendental, como afrodisíaco o alucinógeno. Pretendemos anexarla a nuestras realidades concretas, personales y comunitarias, embeberla de la más amplia actualidad, especialmente la actualidad estética. Movedizos y mudadizos, rechazamos las retóricas congeladas, las codificaciones estereotipadas (realistas o idealistas). Reaccionamos contra la excesiva facilidad, contra la ilusa naturalidad y el empobrecimiento instrumental del coloquialismo populista. Sin dogmas, asistemáticos y sin censuras, queremos decir la totalidad de lo decible sin enajenar los requerimientos específicos del signo poético, sabiéndolo ante todo instancia verbal sujeta a sus propios procesos, a su intrínseca pertinencia, a sus peculiares procederes que procuramos explotar e incrementar. Practicamos una poética polivalente, polifónica, plurívoca en concordancia con una visión relativa e inestable, con una percepción del mundo heterogénea, veloz y simultánea. Quisiéramos coaligar la avanzada política con la avanzada artística.

VUELTAS Y REVUELTAS DE NUESTRA POESIA

La poesía hispanoamericana contemporánea es una e indivisa. Es artificial fragmentarla en poesías nacionales. La extensión de los movimientos estéticos nunca coincide con arbitrarios límites geográficos. En Hispanoamérica, por lo menos literariamente, las fronteras están abolidas. Es imposible establecer una poética, una imaginería, una voz, un registro que sean privativos de un país. La identidad de lengua, de cultura, de problemática, la mayor intercomunicación y la mejor difusión de los textos han producido una sincronización continental cada vez más manifiesta.

Nuestra contemporaneidad comienza con el modernismo, amalgama muy americana que todo lo involucra desde las evanescencias del simbolismo hasta el fervor maquinista de Walt Whitman. El modernismo provoca la primera convergencia continental y la primera verdadera internacionalización de nuestra poesía. Con él aparece la modernidad tal como la concibe nuestra época: afán de actualidad, de cosmopolitismo, de participar en el progreso y la expansión de la era industrial, de lograr una poesía comunicada con el mundo, que tenga el temple y el ritmo de este tiempo de vertiginosas transformaciones. Coexistiendo con el idealismo estético, con el afán de armonización, con los refinamientos sensoriales, con el boato, con el exotismo, con la cosmética versallesca, con la parodia de las literaturas pretéritas, el modernismo porta los gérmenes de la primera vanguardia. Su sensibilidad impresionista promueve una fluidificación, una correspondencia y una circulación entre todos los órdenes de la realidad, que prefiguran las libertades imaginativas de los vanguardistas. Al querer captar lo móvil e instantáneo prepara la visión veloz y simultánea, la mutabilidad, la excitabilidad de la proteica poesía de vanguardia. Con los modernistas comienza la identificación de lo incognoscible con lo inconsciente, de la originalidad con la anormalidad. La oscuridad y la incongruencia empiezan a convertirse en impulsores de la sugestión poética. Lo arbitrario, lo lúdico, lo absurdo devienen estimulantes estéticos. Como los vanguardistas, sus precursores se empeñan en ser hombres del nuevo siglo, en manifestar explícitamente su contacto con el presente histórico —son los primeros panamericanos y antimperialistas—, pero a la vez acentúan la autonomía poética, bregan por crear entidades verbales autosuficientes, por romper con la literatura mimética, por dotar al poema de una belleza propia no restringida por su subordinación a la realidad empírica.

El modernismo culmina con Rubén Darío, Leopoldo Lugones y Julio Herrera y Reissig; son éstos los poetas que ejercerán mayor influencia en la generación siguiente y en los dos principales promotores de la renovación vanguardista: Vicente Huidobro y César Vallejo, dos revulsivos que todavía nos reactivan. Desde el modernismo hasta las promociones más recientes, no hay hiato en la poesía hispanoamericana contemporánea; hay altibajos, avance sinuoso, pero no un corte como el que se da entre el viejo y el nuevo realismo de nuestra narrativa. La nueva narrativa no aporta innovación formal que no haya sido antes practicada por nuestra poesía de vanguardia.

El primer vanguardista es Vicente Huidobro. Antes de 1916, de su instalación en París, usa el verso libre, aplica recursos ideográficos y preconiza una poesía de pura invención que no copie la realidad externa. En contacto con los cubistas y dadaístas parisinos, absorbe las novedades teóricas y técnicas que luego va a difundir en España, donde en 1918 promueve la fundación del movimiento ultraísta. Las revistas ultraístas propagan la literatura de avanzada por todo el ámbito de la lengua española. Proliferan las filiales ultraístas: Jorge Luis Borges organiza una en Buenos Aires en 1921. El influjo de esta difusión vanguardista se hace sentir de inmediato. En 1922 César Vallejo publica *Trilce,* un libro tan innovador que recién ahora estamos en condiciones de comprenderlo cabalmente. En 1923 Borges publica *Fervor de Buenos Aires.* En 1926 Pablo Neruda publica su *Tentativa del hombre infinito,* equiparable a las primeras obras de los surrealistas franceses pero no tributaria de ellas, y comienza a componer los poemas de *Residencia en la tierra.*

La poesía deja de ser exclusivamente un acceso a lo sublime, una consagración de la belleza trascendental, una epifanía, para convertirse en perceptora del mundo circundante, en un registro de la experiencia en todos los niveles. A la par que desciende de las excelsitudes estelares y se aplica a la realidad cotidiana hasta en sus aspectos más sórdidos, provoca trastocamientos humorísticos, vecindades inusitadas que nos proyectan fuera del mundo normal, a un universo de fantasía en libre juego donde las palabras retoman su albedrío. Crisis y revisión de valores, inestabilidad semántica, inseguridad ontológica, explosión vitalista, eclosión de lo irracional, relatividad, buceo en los abismos de la conciencia, rechazo de la cultura burguesa, revolución social, abolición de censuras, lo absurdo, lo aleatorio, la fealdad agresiva, lo demoníaco, lo demencial, lo instintivo, lo onírico. todo ingresa a la poesía contemporánea, participante de un mundo que agudiza sus contradicciones. Presidido por una visión fragmentadora, desintegradora de la realidad, el poema se vuelve discontinuo, disonante, multifocal, excéntrico, polimorfo. Relajamiento de la toma unitoria, libertad estructural, ampliación de lo decible, trastocamientos lógicos, composición caleidoscópica, montaje cinemático, sorpresa, rupturas van a enrarecer y enriquecer el mensaje poético, tornándolo más plurivalente, hermético, acrecentando su potencia evocadora. Tal es la poética de los cuatro libros paradigmáticos de nuestra vanguardia: *Trilce* de César Vallejo, *Altazor* de Vicente Huidobro, *Residencia en la tierra* de Pablo Neruda y *En la masmédula* de Oliverio Girondo, los cuatro desesperados, convulsos, subversivos.

A medida que nos aproximamos a 1940, el furor vanguardista decrece; la poesía quiere recuperar su sacralidad, sus poderes enaltecedores, quiere retornar a la trasparencia, a la pureza, es decir, desasirse de la prisión de la historia, volver a idealizar, a armonizar la realidad, perseguir exclusivamente la belleza, acceder a lo sublime, a los valores intemporales. Dueños de una cultura universalista, al tanto de la actualidad literaria mundial, los poetas practican una poesía de buen nivel técnico, pulcra, reticente, refinada, tributaria de las sinestesias simbolistas y en cierta medida de las libertades metafóricas del surrealismo, una contención lírica que se ejercita en metros regulares. Es una época de aquietamiento, de regreso a los patrones clásicos; la invención es desplazada por la tradición. España vuelve a influir a través de los poetas de la generación del 27, sobre todo Cernuda, Guillén, Salinas y Aleixandre. La búsqueda de la universalidad suscita una poesía no localizada ni temporal ni geográficamente, sin sigularización idiomática, una poesía que elude las referencias a lo circunstancial y circundante. El grupo mayoritario reacciona contra las estridencias, contra el expresionismo, contra la experimentación verbal, contra los delirios o los enajenamientos, contra las distorsiones, mutilaciones, llaneza y crudezas, contra el ludismo y el humor de la vanguardia. Los mejores exponentes de esta etapa son Ricardo Molinari, José Gorostiza, Xavier Villaurrutia, Martín Adán. Dentro de esta tónica idealista, de purificación estética, utópica y ucrónica, comienzan su obra Octavio Paz, José Lezama Lima, Alberto Girri, Cintio Vitier; polivalentes, multiformes, van a desbordar todo rótulo.

El discurso tranquilizador, concertante, armónico va a ser desajustado por el desbarajuste histórico. El mundo se ha vuelto inhabitable. Es la época de auge del fascismo, de la confabulación que aplasta a la República Española, de la Segunda Guerra Mundial, de la bomba atómica, de la implantación de las dictaduras en Latino-américa, luego de la guerra fría. Los intelectuales de occidente sienten de nuevo el derrumbe de una civilización, el quebrantamiento de los valores humanistas, la imposibilidad de conciliación, de trascendencia, el menoscabo de la libertad, la pérdida de sentido de la existencia, el desmantelamiento de la personalidad. El mundo se deshace, se ha vuelto demasiado absurdo, hostil, opaco, avasallador; sólo ofrece poco ser y mucha nada. El pathos existencialista se infunde por doquier, incluso entre la marginada y alienada intelectualidad de América Latina. Es patente en Paz y en Girri, es el inspirador básico en poetas más jóvenes como Roberto Juárroz. Una conciencia desgarrada y conflictiva será característica casi unánime de nuestra poesía

También el surrealismo, asumido como escuela literaria, con aspiraciones a convertirse en visión del mundo y en orientador ético, se expande por Hispanoamérica desde 1950. Se trata de una filiación oficializada, de grupos que integran el movimiento surrealista organizadamente internacionalizado. Algunos, como Enrique Molina, asumen la militancia con agresiva ortodoxia; otros como Octavio Paz, José Lezama Lima, Emilio Adolfo Westphalen y Olga Orozco se avecinan con menos turbulencia y menos intemperancia. El surrealismo que parece coincidir con nuestro temperamento espontáneo e instintivo, con nuestra naturaleza desmesurada y poco domesticada, cunde en una legión de poetas; entre ellos, cito, como muestra, a Mario Montes de Oca, a Homero Aridjis, a Guillermo Sucre, y a Alejandra Pizarnik. Los discursos surrealistas abarcan desde la fantasía descontrolada, el aluvión metafórico, la sensualidad verbosa hasta la sugestión provocada por el detenimiento del tiempo cotidiano y por la extrañeza proveniente de sutiles trastocamientos.

Tanto poetas puros como existencialistas o surrealistas, aunque desgarrados por la irreconciliable oposición entre deseos y realidades, entre la aspiración a la trascendencia, a la plenitud, a la libertad, y a la sumisión, las restricciones, las amputaciones, agresiones, la impermeabilidad, el pragmatismo violador de todos los códigos que el mundo contemporáneo nos impone, todos ellos perseveran en la actitud idealista, en la creencia en la capacidad redentora, sublimadora, catártica de la poesía. Los unos, poetas puros, reafirman los valores de la tradición, el vínculo con el pasado prestigioso, la universalidad y la intemporalidad del arte. Los otros, surrealistas, reniegan de las herencias, de la acumulación histórica, del racionalismo occidental, de toda abstracción o intelección, del arte concertado, de los principios de autoridad estatuidos por el consenso social. Todos rechazan o por lo menos excluyen al hombre común, la realidad cotidiana, doméstica, la vulgaridad, la banalidad, la insignificancia, la inmediatez que presiden la mayoría de nuestros actos. Poesía distante o patética, fantástica, misteriosa, convulsiva, apolínea, oracular, rapsódica, presupone casi siempre un protagonista excepcional, de talla heroica, dotado de una percepción privilegiada, singularizado, visionario, original. En todos ellos la poesía es un intento de sugerir lo inefable, un extrañamiento, un transporte, una brecha, una fisura que nos deja entrever lo «otro», atisbar un más allá, es la reveladora de la realidad esencial.

Pero es tal el distanciamiento de esta poesía pura o visionaria con respecto a la realidad empírica, al mundo de la inmensa mayoría; es tal el desajuste entre la ilusión idealista y el mundo de lo realizable, que hay poetas que rechazan la utopía romántica, la ensoñación quimérica, el delirio dionisíaco, los arrebatos subterráneos o ultraterrenos. Intencionalmente Nicanor Parra escribe antipoemas, es decir, poemas prosaicos, pedestres, directos, gratuitos. Reacciona así contra la voluntad idealizadora, reincorporándose a la multitud de los seres comunes, aquéllos que carecen de biografía privilegiada. Parra profana con su humor socarrón, con su picardía popular la solemnidad y el esteticismo de la poesía pretenciosa. Evita, cuando puede, la metáfora para disminuir al mínimo la distancia entre el signo y la cosa significada; no incurre en cultismos, es anecdótico, narrativo, circunstancial; se menoscaba, se oscurece, asume una postura francamente antiheroica. No quiere que lo metan en ninguna casta, se niega a toda función sacerdotal. Su poesía implica a la vez un saneamiento y un empobrecimiento. Ambos fueron necesarios. Parra inicia un neorrealismo que será la tónica dominante en los poetas más actuales: Ernesto Cardenal, Carlos Germán Belli, Jorge Enrique Adoum, Juan Gelman, Roque Dalton, Roberto Fernández Retamar, Enrique Lihn, Antonio Cisneros, José Emilio Pacheco, Rodolfo Hinostroza y el que esto escribe. Ellos se encargarán de reforzar el contacto con la vida cotidiana, con la experiencia concreta, con la calle, con lo popular, con la historia. Dejando de lado todo ingenuo afán naturalista, aceptando y aprovechando el artificio de la formalización poética, los poetas de mi generación retomamos el vínculo con la vanguardia e intentamos reincorporar a la poesía el máximo registro de recursos verbales.

Crisis del idealismo romántico, conciencia crítica, conflictiva, desacralización humorística, irrupción de nuestra acuciadora realidad, politización, transición del psicologismo al sociologismo, agresividad, libertad de expresión, avance del coloquialismo y del prosaísmo, pluralidad estilística, discontinuidad, inestabilidad, ruptura, apertura, cosmopolitismo, tales son las líneas de fuerza de la más reciente poesía hispanoamericana.

CRITICA DE LA RAZON LINGÜISTICA
O LA INSUFICIENCIA INSTRUMENTAL
DEL ANALISIS LINGÜISTICO

Las críticas que formularé se basan en las exigencias (dificultades) propias a la interpretación (exégesis) de textos poéticos contemporáneos caracterizados por su capacidad de ruptura (en todos los niveles) de la codificación tradicional, por su extrema movilidad, mutabilidad, por su tendencia a la diversificación, por su plurivalencia, por su polimorfismo, su politonalismo, su polifonía. En relación con tamaña labilidad, con el ilogicismo y la agramaticalidad del discurso deshilachado, deshilvanado, desplegado de la lírica de vanguardia, las metodologías lingüísticas en boga (sobre todo las de inspiración estructuralista) proveen un instrumental inadaptado para esta hermenéutica o limitado al estadio de la descripción.

Fundamentalmente el poema, en tanto arte verbal, es una manifestación estética. La lingüística es incapaz de resolver el pasaje del sistema de signos y de reglas que constituyen el objeto de su estudio a otro sistema semiótico, contiguo pero diferente, como el estético. La lingüística no puede dilucidar una especificidad que escapa a su ámbito, no atina a responder a la pregunta de base: ¿en qué consiste la información inherente a los mensajes estéticos?

Por ejemplo, cuando el poema utiliza técnicas ideográficas, cuando las palabras se despliegan en el espacio adoptando una singular configuración visual, cuando hay variantes cromáticas, tipográficas, cuando los llenos comienzan a cobrar tanta importancia como los blancos, cuando aparece una caligrafía pictórica, cuando a los fonemas y a los semes se agregan otros signos como los grafemas, la lingüística, incluso reconvertida a la semilogía o teoría general de los signos, resulta insuficiente. [1]

En relación con la hermenéutica de lo poético, la lingüística es desbordada horizontal y verticalmente. Horizontalmente, por su ahis-

---

[1] V. «La topoética de Octavio Paz» en S. YURKIEVICH: *Fundadores de la nueva poesía latinoamericana,* Barral Editores, Barcelona, 1974, pp. 281 y ss.

toricidad, por su excesivo afán de generalización. Mientras que todo texto está datado, incluso lingüísticamente, mientras que todo texto se inscribe en la memoria de lengua, mientras que todo texto es la cristalización de un discurso común a una cultura y a una época, un epistema de una cierta sociedad, la lingüística, con su afán sincrónico y deductivo, no alcanza a dar cuenta de la relación entre texto y contexto, no discierne las marcas, el condicionamiento operados por los códigos culturales, no consigue aprehender los reflejos ideológicos. Por su limitada circunscripción operativa al texto como unidad autónoma, la lingüística no consigue aprehender su carácter de encrucijada textual, de intersección de múltiples textos remotos y actuales que representan difusamente el Libro total de una cultura. Tanto la producción como la reproducción o lectura del poema están mediatizadas por las valoraciones del contexto que las incluye y que determina toda práctica textual.

Incluso si consideramos el poema lírico como intemporalidad que posibilita a la palabra su plena liberación significativa, como objeto que por desprenderse del principio de realidad instaura su propia configuración sujeta a relaciones pertinentes, como ente de ficción que, al absolver al lenguaje de toda restricción empírica, de toda obligación utilitaria le permite su completa irradiación semántica, su máxima expresividad, su total expansión simbólica; incluso si consideramos que el análisis histórico-sociológico es incapaz de descifrar el sentido de la palabra poética, que las homologías entre estructuras ideales (como las estéticas) y sociomateriales no pueden dar cuenta de un núcleo de significación inmanente situado fuera de determinaciones transitorias [2], el análisis lingüístico resulta verticalmente precario. No arriba a establecer las relaciones entre estructuras profundas y estructuras de superficie, no puede operar con las configuraciones translingüísticas (subconsciente, subjetividad pretextual, pulsiones, líbido, mito, fantasmas, proyecciones del deseo, fabulaciones de la imaginación sin ataduras, etc.) que actúan como generadoras del poema. No puede concebir al sujeto más acá o más allá de sus determinaciones textuales, fuera de la estructura lógico-gramatical de la enunciación. No alcanza a gestar un instrumental idóneo para un análisis afinado del dinámico, proteico, evasivo, multivalente y expansivo campo simbológico del poema. El análisis lingüístico no llega a dilucidar ni lo referencial, ni lo imaginario, ni lo psicológico ni lo gnoseológico del mensaje poético.

Se me dirá que estos requerimientos, aunque compatibles con el objeto de análisis (el signo poético), escapan a la circunscripción

---

[2] V. «La palabra poética» en Manuel BALLESTERO: *Crítica y marginales. Compromiso y trascendencia del símbolo literario,* Barral Editores, Barcelona, 1974, pp. 91 y ss.

operativa de la lingüística cuyo propósito científico se limita, por razones de rigurosa competencia, a construir una gramática poética de carácter deductivo (de lo general a lo particular) que pueda dar cuenta de una regulación aplicable a todos los discursos producidos y producibles, gramática que reglaría la validación de cualquier discurso como poético. [3] Personalmente, creo que se trata de una utopía racionalista, excesivamente logo y lingüocéntrica que, infatuada por los progresos de la fonología y la informática, quiere trasladar los modelos de las ciencias positivas con sus criterios de demostración (formulación, mensurabilidad, objetividad, generalidad, verificación, etcétera) al campo de los objetivos literarios. Pienso que es imposible sujetar la producción y reproducción del signo poético a una legislación general, a una normativa universal porque, en relación con cada una de las pocas reglas formuladas por la lingüística aplicada a lo poético, se pueden señalar tantas excepciones como confirmaciones. Por el paulatino abandono de las matrices tradicionales, el grado de excepción aumenta a medida que nos acercamos a la lírica contemporánea.

El análisis lingüístico se propone determinar la especificidad, la disposición y el funcionamiento del signo poético. Incluso dentro de su delimitado ámbito de pertinencia, considero precarias o insatisfactorias las aportaciones de las metodologías lingüísticas más difundidas al conocimiento de lo poético. Por de pronto están sujetas a una inflación teórica, desmedida en relación con la exigüidad de su práctica. Esta, por la carencia de una teoría general del discurso, sigue todavía limitada al análisis de la frase; no puede operar sino sobre un corpus muy reducido. Con un muestreo tan escaso resulta lento y difícil llegar a una axiomática de validez general. Siendo la teoría diversa (sobre todo en la terminología), fluctuante, insuficiente, el análisis poético se ve obligado a forjarse sus propios criterios operativos y a fundamentarlos con metalenguajes abstrusos, de escasa aplicación y de dudosa adecuación.

El problema de base —¿cómo identificar y definir el objeto poético?— no tiene aún solución apropiada. O se parte de una comprobación de hecho que considera lo poético como identificado de antemano, como inmediatamente, como empíricamente reconocible o la definición se reduce al poema versificado como si la formalización métrica fuese inherente a la naturaleza misma de lo poético. Así, todas las definiciones de Jakobson —composición isomórfica del significante y del significado, proyección de regularidades paradigmáticas sobre el desarrollo sintagmático, equivalencia del eje de la selección sobre el de la combinación, recurrencia o paralelismo entre

---

[3] V. «Pour une théorie du discours poétique» en A.-J. GREIMAS y otros, *Essais de sémiotique poétique,* París, Larousse, 1972.

11

sonido y sentido, etc.— se apoyan en un estrecho isomorfismo entre la expresión y el contenido que sólo adquiere manifestación plena en la poesía sujeta a las matrices tradicionales, a la severa reglamentación de una prosodia canónica. Pero el poema, para ser poético, no tiene necesariamente que urdir estas correlaciones isotópicas, como lo prueban tantos discursos surrealistas que, operando con laxitud en el plano de los significantes, transfieren la poeticidad a la función icónica, a la capacidad evocadora de las imágenes sin correlato ni sintáctico ni fonético.

El principio común que liga a las definiciones lingüísticas parece ser el de la anormalidad del signo poético. La poesía deviene así anomalía, caracterizada por su apartamiento o distancia con respecto al hipotético discurso normal o natural. Esta presunción presupone un indeterminable grado cero de la poesía o de la literatura en general, a partir de un decir directo de pura denotación y sin ornamento, es decir, ingenuo, arretórico, donde un gato es sólo un gato. Implica una oposición entre naturaleza y artificio equivalente con la que se da entre lo literal y lo literario y extensiva a la de denotación contra connotación. El problema no es sólo el del establecimiento de un unívoco grado cero, de una normalidad que parece monosémica, sino el de la fluctuación de lo poético entre cualquiera de estas bipolaridades. La distinción de Greimas entre la palabra inmediata (la oralidad espontánea) y palabra mediata (el texto, la producción escrita) no nos saca del atolladero.

Si bien la poesía es una constante antropológica, la poeticidad varía. Muda en relación dialéctica con la decibilidad y la legibilidad de cada lengua según la época. Así lo poéticamente escribible está sujeto a una valoración móvil, que condiciona también la evaluación crítica. La escritura no es imprescindible a lo poético. Aparte de la poesía popular que sigue elaborándose y transmitiéndose oralmente en las culturas letradas, existen pueblos analfabetos como el bereber que, reducidos a la poesía oral, alcanzan un grado de complejidad prosódica, de estilización equivalentes a las de cualquiera de las poéticas textuales.

El análisis lingüístico ha establecido un sistema cuaternario de isotopías o paralelismos (ejes o regularidades paradigmáticas proyectados sobre el decurso sintagmático) que corresponden a cada uno de los niveles del texto: fonético, métrico, sintáctico, semántico. Las delimitaciones entre uno y otro nivel suelen ser difusas. No se sabe bien dónde colocar lo morfológico y lo léxicológico; lo fónico y lo métrico suelen fusionarse en lo prosódico; lo semántico puede llamarse también temático. La terminología es cambiante y equívoca.

La premisa de base consiste en suponer que la disposición y el funcionamiento del poema están generados y regidos por un modelo gramatical que repercute en todos los niveles estableciendo simetrías plurisotópicas. Este modelo o módulo generativo puede no ser lingüístico y no veo la manera de determinarlo científicamente. Las máximas equivalencias entre los distintos planos del discurso poético se dan en la poesía versificada. No se puede decir que ésta sea más poética que la amétrica o que el poema en prosa. Los análisis de Jakobson [4], reducidos casi exclusivamente a la poesía métrica, se basan en la concurrencia de regularidades homologables en todos los planos del discurso poético. Jakobson postula que esta concurrencia es el principio de organización del signo poético, lo cual implica que a mayor formalización mayor poeticidad. El más poético de los discursos sería aquel donde las unidades estructurales tendrían el máximo de correlación entre todos los niveles. Esta comprobación no constituye un axioma porque se pueden aportar tantas confirmaciones como excepciones.

Las regularidades, redundancias o isotopías, pueden manifestarse nítidamente en cualquiera de los niveles; el problema reside en el pasaje de uno a otro nivel. Es difícil o excepcional que el texto permita extender las simetrías a todos los niveles lingüísticos. Qué decir de los poemas vanguardistas regidos por la heterogeneidad, la asimetría, la fragmentación, la explosión, la dispersión, la desintegración o el dislocamiento de las estructuras del lenguaje comunicativo, por la contravención de los signos usuales. Con respecto a la producción experimental promovida por las poéticas de vanguardia que desestructuran el sistema de la comunicación corriente, no se puede hablar de formas canónicas de clausura; tampoco se da la misma gramaticalidad que en el lenguaje usual. Ante tamaña polución semántica, no sé si cabe apelar a la noción de estructura. Frente a tanta polisemia y polifemia fracasa todo análisis que pretenda reducir esta proteica complejidad a una formalización rigurosa.

Admitido que, por la concreción del material sonoro, la lingüística ha obtenido evidentes progresos en el estudio fonológico, la aplicación de estas adquisiciones al análisis del nivel prosódico del poema resulta todavía precaria. Incluso los arduos y minuciosos análisis fónicos están signados por la heterogeneidad terminológica. Si operan con cierta precisión en la descripción acústica, en la determinación de los rasgos distintivos, su rigor decrece cuando pasan de lo fisiológico a lo perceptivo, y de lo perceptivo a lo simbólico. Las dificultades de sistematizar el simbolismo sonoro son equivalentes a las que la teoría y la historia del arte encuentran para establecer un simbolismo cromático. La insuficiencia aumenta cuando se trata de análisis rítmico. Por otra parte, dados el intrincamiento y la estrechez del campo explorado, las deducciones, demasiado puntuales, no permiten la generalización. Además, queda por resolver la equiva-

---

[4] Roman JAKOBSON: *Questions de poétique,* Ed. du Seuil, París, 1973.

lencia, no siempre notoria o demostrable, entre el plano de la expresión y del contenido. En la poesía versificada, las relaciones entre el sistema prosódico y el sintáctico aparecen más rotundamente cuanto más severo es el código de la versificación. Allí se ve con claridad la concertación entre homofonía y homología. Pero en la poesía no sujeta a formas canónicas la sintaxis discursiva recobra sus derechos en el escandido de las secuencias o se producen dislocamientos o rupturas que no son de origen sonoro y que carecen de correlación acústica. El análisis sonoro obra con más soltura cuando se aplica a la poesía armónica y eufónica, pero sin alcanzar a explicar la organización fónica global.

Si la lingüística arriba a distinguir la especificidad de lo poético en el plano de los significantes, le es por ahora imposible establecer la diferenciación de lo poético frente a otros discursos en lo relativo al significado. No atina sino a proponer criterios vagos como el de la polisemia o el de la densidad del sentido. No acierta a establecer una tipología. Su lectura es reductiva de la expansión del sentido y congeladora de la circulación. Necesita retrotraer el poder de transformación del pululante, constelado, difusivo, difuminado, errático sentido poético a fijaciones paradigmáticas o modelos actanciales. La galaxia o la explosión son comprimidas y forzadas a simplificarse en categorías del ser, del querer o del hacer. Cuando hay una cierta narratividad (atinente a la esfera del hacer), se transfieren, sin suficiente adecuación, al poema las pautas del análisis estructural del relato. Entonces la extrapolación de las simetrías a los otros niveles deviene aún más problemática.

La lingüística opera mal con la pluralidad connotativa, con el discurso delirante, arbitrario o incoherente, con la omnipotencia imaginativa, con el poder de transformación, con la libertad y la creatividad de lo poético. Su reactiva y plurívoca polifonía, su escritura estereográfica no soportan el detenimiento ni de su movilidad ni de su disponibilidad. El signo poético no es reducible ni a la ley ni a sistema, ni a matesis ni a toxonomía. No tolera ni fijación ni cerrazón, ningún esquematismo. Quizá la lingüística generativa pueda aportar una teoría y una práctica tan proteiformes como el objeto de análisis, quizá posibilite una intelección dinámica del multidimensional y multidireccional fenómeno poético. [5]

[5] V. Moris Halle: «Du mètre et de la prosodie» en *Hypothèses,* Change, Seghers/Lafont, París, 1972, pp. 103 y ss.

LA CONFABULACON CON LA PALABRA

Una visión, un ritmo, una pulsación, un magma imaginario en un plasma verbal. Protoimagen y verbo proteiforme. Una pululación fantasmagórica íntimamente amalgamada con pulsiones de palabras. Poema: cópula de la imagen virtual con la palabra potencial.

La palabra es un núcleo de energía aspirante/impelente, un polo de imantación que irradia y atrae a sus homólogas y homófonas. Catalizador, mutante metamórfico, busca a sus conexas, puja por coaligarse, por constelarse. Palabra virador: principio de las multívocas circulaciones del sentido.

Una corriente expansiva tiende hacia el fraseo, hacia la textura, a la multiplicidad secuencial, a discurrir, hacia la discursividad. La palabra se asocia a sus congéneres, genera su organismo. O se concentra, se repliega y aprieta para potenciar su carga intrínseca. Locuaz o parca, estro u osario, cristal o tegumento, cubre o descubre el espacio, ennegrece o blanquea la página. Despojamiento de todo lo accesorio: palabras gemas, nódulos radiantes, centros de intercambio rodeados de atmósfera semántica. O la plétora proliferante, la urdimbre frondosa, la *selva selvaggia,* la ramificación venosa de los signos/íconos, de los conductores imaginativos y simbólicos, los flujos/influjos/reflujos/ de figuras, la transfiguración.

Escribir: emitir, marcar, signar, inscribir, señalar, figurar, apalabrar: poetizar: teatro de la lengua, retablo del mundo: simulacro.

Si la palabra no desencadena el poema, si el impulso parte de la visión, de una vislumbre prelingüística, hay que verbalizarla, pasar por la palabra para asentarla sobre un soporte material (sonorizar el sueño). Palabra incorporadora de lo incorporal: su encarnación. La palabra (tálamo, tamiz, tapiz, taracea) con su concresión sensible sustenta, sustancia la imagen y la filtra; la dispone, la compone, la transporta sin plegarse por completo a su función de conductora. El signo no se disipa para dar pleno lugar a la cosa significada. La poesía implica una relativa veladura de los signos. La palabra poética transparenta a medias, figura la visión sin dejar de manifestarse. Ostensible, ostentosa mediadora, impone un doble juego de presentación y representación, de mostración y demostración. La poesía desdobla, duplica, multiplica la comunicación: para decir se dice, para referir se autorrefiere.

La imagen poética no consigna sólo una determinada percepción del mundo, un tipo particular de asociación, de figuración, de traslación de sentido, es también una peculiar formulación/formalización, es una especial intervención/manipuleo/maquinación lingüística. No existe para mí poesía pre o post, infra o supratextual. No creo que el calificativo de poético pueda aplicarse pertinentemente a una sensibilidad o a una manifestación no verbales.

La poesía libera de la sujeción al sentido recto, al sentido común o al sentido único. La poesía es la reveladora, la provocadora de la polifemia y polisemia latentes en toda escritura. La poesía es la conciencia y la memoria de la lengua, el instrumento más apto para explorar/explotar todos los recursos de expresión, de selección, de composición, toda la capacidad de transformación, toda la creatividad posible de una lengua.

Poesía: jugo y juego de palabras: trova truco tropo trueque retruécano disloque dislate.

La poesía es el único género capaz de operar sincrónicamente en todos los niveles lingüísticos, de moverse diacrónica, anacrónica, ubicuamente en todos los tiempos y espacios verbales. Puede surtirse en cualquier momento de la historia o en cualquier lugar de la geografía lingüísticas, puede suplir las deficiencias de la selección inventando lo carente en cualquier categoría gramatical. Puede establecer su propia verosimilitud. Goza de la máxima libertad de asociación, de dirección, de extensión, de disposición. Puede imponerse su propio orden, sus propias reglas, sus restricciones específicas. Puede instaurar su propia prosodia.

Connubio de la función lúdica con la función estética, constituye un interregno festivo, un aparte que absuelve del constreñimiento de lo real empírico, no sujeto en principio a subordinación utilitaria. Establecido, el protocolo requiere diestra observancia. Las restricciones adoptadas determinan la matriz que conforma el poema. Nunca hay abandono completo de los cánones, nunca desaparece del todo la reglamentación convencional. El módulo prosódico, sea cual fuere, constituye el primer sistema de señalamiento poético, aporta la poeticidad de primer grado o poeticidad externa. La de segundo grado se da cuando esta información formal modula íntimamente la expresividad, cuando se logra un alto grado de extrapolación de los significantes a los significados. No hay nivel del poema que no sea por-

166

tador de semantismo, no hay nivel insignificante. Poetizar: instrumentar la plenitud de la palabra. El prosódico emite la primera información poética y configura la segunda, la expresiva o referencial. La prosodia la involucra mediatizándola, la engloba distanciándola, la mantiene como en suspensión dentro de ese módulo que la modela. En poesía la recepción del mensaje es por lo menos doble (poesía: arte del desdoblamiento verbal: duplicidad de la palabra: arte del equívoco). En poesía, la lectura es siempre múltiple.

La prosodia, reglamento inicial del proceder lingüístico, legisla el proceso productor del poema. Encausa su génesis, la posibilita y estimula, porque el exceso de apertura semántica y de arbitrio instrumental resultan inoperantes. El exceso de arbitrariedad, de incoherencia termina siendo impracticable, redunda en la monotonía o se mecaniza revelando su limitación, sus reiteraciones, sus fijaciones, sus tics. La representación de lo caótico exige un suministro de entropía hábilmente dosificado.

La falta de imposiciones referenciales, su carácter de objeto innecesario, suntuario con respecto al valor de uso, otorgan al poema una incomparable independencia. De ella se hace abuso en los períodos de ruptura. El más radical fue el de la primera vanguardia, cuya pertinaz contravención de las matrices tradicionales ha demostrado que la especificidad poética no reside exclusivamente en estos dictámenes. La vanguardia infringió todas las preceptivas, experimentó casi todas las innovaciones posibles, a tal extremo que se llegó a considerar invalidado por agotamiento el libro como soporte. Se propone sustituirlo por medios de comunicación más actuales, vinculados a la moderna tecnología. Dos concepciones se oponen: una postula la caducidad del libro impreso, otra su idolatría: todo libro es parte integrante del Libro total: presunción antropocéntrica de un universo criptográfico, pero descifrable, donde se inscribe todo lo existente.

En su manifestación más raigal, la vanguardia forja los recursos aptos para representar una nueva visión del mundo signada por las nociones de heterogeneidad, relatividad, inestabilidad, velocidad, simultaneidad. En su manifestación más superficial se ha reducido a la búsqueda de variantes inéditas. Creo que arribamos al término del culto vanguardista a la originalidad. Sin embargo, convencido de que la poesía es ante todo una manipulación formal del lenguaje, no desdeño el trabajo en superficie, el modelado de la materia verbal y sus implicaciones técnicas: busca de la mayor eficacia a través de la máxima pericia.

La amplitud inicial se ve pronto restringida y encausada por las determinciones propias de las primeras opciones. Si desperdigo sobre la página palabras elegidas al azar, de inmediato establezco un fluido semántico que las vinculará; ellas comienzan a intercambiar nítida o difusamente (rayo o halo) sus radiaciones de sentido. Tales propagaciones inscriben vectores que condicionan los posibles desarrollos. Si la génesis del poema parte de una elección aleatoria, la disposición del texto se irá regulando sobre la base de estímulos dirigidos por una dinámica interna que impone sus ejes, su propia conducción. Las palabras imperan, rigen el tono, el ritmo, el escandido, la orquestación, la disposición versal, la articulación secuencial, la expansión léxica, la puesta en escena de la imaginería. Palabras talismán, exigen obediencia a sus mandatos, responder a su sortilegio para que vayan instaurando un microuniverso sujeto a sus propios correlatos. Las palabras compiten, compaten, complotan.

Poesía: correspondencia entre palabras: conciliábulo, concierto, conjura, componenda. Poeta: confabulador con la palabra, travieso tramoyista.

Dictum y *ludus,* clerecía y juglaría, el poema puede responder a una corazonada, a un impulso gnómico, a una propensión especulativa, a una decisión documental, a un estímulo icónico, a una voluntad de representación, pero siempre será a la vez epistema y artilugio, cosa significada por la palabra como cosa, lenguaje en sí y lenguaje reflejo, mundo figurado por la maquinación de la palabra. La palabra no se descarnará para significar el mundo, impondrá un pasaje que no oculte su corporeidad canora, interceptará y transformará el mensaje involucrándolo en una configuración que no deja transmitir los significados sino en manifiesta correlación con los significantes. Poesía: festín del significante.

Ningún sector de la lengua es poéticamente inutilizable. La poesía: única escritura capaz de poner en funcionamiento la extensión total de una lengua, la única capaz de recuperar todo lo inusual o de inventar lo que falta. He intentado probar tal aplicabilidad operando en toda la vastedad del castellano, desde lo coloquial y argótico hasta lo arcaico y lo áulico, desde lo regional hasta lo prosopopéyico, desde las jergas hasta las jerigonzas, desde los estereotipos hasta lo más neológico, desde lo más familiar hasta lo más artificioso. Considerando al lenguaje espéculo de la realidad, he querido incorporar todas las parcelas lingüísticas, todas las hablas y todos los hablantes. Si cada una de ellas conlleva la referencia a la realidad de donde proviene, la suma connota una representación de la realidad integral. La totalidad lingüística representará la totalidad de lo real. Tal poética comporta un realismo asentado ante todo sobre la previa realidad del lenguaje, antes sobre la aprehensión sensible del medio que sobre la condición ilusoria del mensaje.

Así desemboqué en la máxima pluralidad operativa, en la experimentación simultánea de múltiples prosodias, de poéticas disímiles. Desde el discurso profundo, desde el turbión de las confusas mezclas del fondo corporal, hasta el remonte a las alturas armónicas del discurso abstracto, traslúcido, desde el infernal al celestial. Desde la incoherencia aluvional, desde un colmo de apertura semántica, desde el máximo sentido traslaticio, el sumum de heterogeneidad, de diversificación formal hasta los módulos más canónicos, desde el sistema collage, desde una estética disonante de lo disímil y fragmentario interpenetrándose hasta las combinatorias más regladas, desde el flujo de la conciencia errática hasta los ordenamientos concertados por una razón numérica.

Tales prácticas suponen el desarrollo de una conciencia instrumental basado en la conciencia crítica, suponen desconsiderar valores románticos como naturalidad, espontaneidad, personalidad, intimidad, esencialidad, autenticidad. Presuponen la negación de toda fijeza preceptiva, de toda normativa categórica. Consignan una libertad que se complace en el ejercicio de todas las posibilidades poéticas.

ESTE LIBRO
SE ACABO DE IMPRIMIR
EL DIA 29 DE MARZO DE 1978
EN LOS TALLERES DE
ARTES GRAFICAS IBEROAMERICANAS, S. A.
TOMAS BRETON, 51
MADRID - 7